AF208468

Johnboy Schneider

Ich mach mir so meine Gedanken

Lebenslauf-Lyrik, Teil 1

Impressum

Bibliografische Information der Deutschen
Nationalbibliothek:
Die Deutsche Nationalbibliothek verzeichnet diese
Publikation in der Deutschen Nationalbibliografie;
detaillierte bibliografische Daten sind im Internet über
http://dnb.dnb.de abrufbar.

© 2024 Johnboy Schneider alias Jan Willand

Lektorat: Bisher nicht.
Korrektorat: Immer noch in Eigenregie, also so lala.

Verlag: BoD · Books on Demand GmbH,
In de Tarpen 42, 22848 Norderstedt
Druck: Libri Plureos GmbH, Friedensallee 273,
22763 Hamburg

ISBN: 978-3-7693-0011-6

Zeilen, die das Leben schrieb.
Naja, eigentlich schrieb ich sie.
Durchlebe dabei mein Erleben,
das, was mir fünfzig Jahre mitgegeben.
Ob du damit etwas anfangen kannst,
oder nicht, das weißt du bloß,
wenn ans Ende du gelangst.
Also, Augen auf und los!

Vorleseübersicht

Wir alle haben ja so unsere Päckchen. Nicht nur die von Amazon.
Sondern so richtig schwere, die wir durch den Lauf des Lebens
tragen. Scheiß drauf, machen wir sie doch einfach mal auf.
Zum Beispiel das mit dem Beziehungsgedöns.

Der Beziehungsgeier.

Vom Beziehungsverlust zur Beziehungspflege.

Weg.

Nicht mehr da.

Dispräsent.

Unsere Beziehung: gehemmt.

Das Herz baumelt in innerer Leere.

Das Gemüt verdunkelt durch drückende Schwere.

Ich bin acht,
liege auf dem Teer,
die Fäuste trommeln zum Takt
des schmerzenden Verlusts.
Schaue dem Auto hinterher,
darin meine Mutter, als sie mich verließ.
Während ich tränende Wut in den Asphalt unter mir stieß.

Die intensive Phase des Frusts
währte 'ne Weile, doch nicht allzu lang.
Recht schnell wuchs ein Clown in mir heran.
Er überspielte, bespaßte, versetzte mich in Euphorie.
An Materiellem mangelte es derzeit nie,
mein Vater mühte sich, uns jedwede Sorge zu nehmen.
Arbeitete, organisierte, bezahlte,
sodass nach außen alles in bester Ordnung erstrahlte.
Dankbar ich ihm dafür bin, sehr sogar,
weil es von Herzen und auch das Beste war,
das er zu tun vermochte – für mich ein Gewinn.

Und während tief in mir drin
das verletzte Kind beständig
den Verlust in die Straße trommelt,
der Clown gewitzt, zugewandt, verständig
um sich herum allerhand Beziehungen sammelt.

Wie ein Geier in zerrupfter Feder
stürzt er sich auf Beziehungen jedweder Art,
auf dass möglichst jede und jeder
ihm gegenüber zugeneigt ward.

Wo allerorts Romantik liebt und streitet,
war es vor allem Beziehungsarbeit,
die dem Clown die Manege bereitet.
Wo er die Wut des Kindes eindämmt
und von Trauer und Tränen befreit
auf die hinteren Ränge verdrängt.

Klar, auch, wenn keine Träne mehr vergossen,
wird die Angst mich treu begleiten.
Eng verbunden werden wir
mein gesamtes Leben wohl bestreiten.
Auch vierzig Jahre später ist sie hier.
Doch sind Kind und Clown schon längst verbündet,
des Beziehungsgeiers Gier
zunehmend unbegründet,
der Frieden mit elterlicher Unzulänglichkeit
endlich geschlossen.

Während Clown und Geier fragen, sprechen und verstehen,
hinter die Fassade ach so erwachsener Herzen sehen,
die kindlich verletzte Seele stetig gesundet.
Der Geier Beziehungen nicht als Beute ergreift,
sie stattdessen lieber wertschätzend erkundet.

Der Verlust der Beziehung bleibt.
Doch ob in Liebe oder Streit,
stets deine eigene Entscheidung zeigt.

Wir alle tragen also unsere Päckchen. Das der Verlustangst beispielsweise. Daran kann man sich schön abarbeiten, ist sie doch alles, was uns geblieben. Doch ach weh, was, wenn wir die Verlustangst auch noch verlieren...

Plötzlich weg.

Oder: Von der Angst, die Verlustangst zu verlieren.

Hier.
Ungefragt. Einfach da.
Omnipräsent.
Subtil zwar,
doch stets immanent.
Die Beziehung zu mir selbst: dadurch gehemmt.

Hallo Verlustangst. Was wäre ich ohne dich?
Mein ganzes emotionales System schließlich
funktioniert seit Jahren liederlich,
und das, wo doch gerade ich
die innere Ordnung ganz gern der äußeren folgen lasse.
Sicher ist es ziemlich hinderlich,
wenn unterbewusst und fremdgesteuert ich
dir das Regiment überlasse.
Diesen Zustand ich offenbar mehr liebe,
als dass ich ihn hasse.

Die Angst vor Verlust.
Die Angst, nicht geliebt zu werden.
Die Angst, nicht zu genügen.
Selten stelle ich mich selbst zufrieden.
Meine Bescheidenheit zu groß,
mein Selbstwertgefühl zu klein.
Da hat allenfalls der Clown in mir was zu lachen.
Verlust und Angst, ob die beiden wohl geflissentlich getrost
gemeinsame Sache machen?
Kann das wohl sein?

Je bescheidener ich mich gebe,
desto weniger Wert schreibe ich mir zu.
Und je mehr ich eintüte,
desto stärker das Gefühl,

dass trotz pflichtbewusstem Kalkül
am Ende des bescheidenen Tages
ich doch nicht genüge.

Ja man kann sich schon abrackern
mit der Angst vor dem Verlust der Liebe,
und wie sie treibt im Leben unpässliche Triebe.
Aber gut, so bin ich beschäftigt,
pflichtbewusste so vor mich hin, habe gut zu tun.

Was nur, frage ich mich, was nur,
sollte die Verlustangst doch mal ruhen?
Wenn nun auch sie aus dem Leben verschwindet,
mich fortan an mein Innerstes selbst anbindet?

Ach je, fortan wär' die Verlustangst verloren,
was sollte ich anstelle ihrer nur machen?
Am Ende noch über die angenehmen Lebensseiten lachen?
Mir keine Sorgen mehr darüber machen,
nicht geliebt und nicht gesehen,
nicht bemerkt und nicht geschätzt zu werden?
Würde ich das Leben überhaupt noch verstehen?
Gar einen angstfreien Tod in Langeweile sterben?

Wenn ich mich nicht mal mehr
vor dem Verlust ängstigen kann,
was bleibt dann vom Johnboy Schneider?
Am Ende ein geheiltes Kind im Mann?
Am Ende das, was ich wirklich kann?
Am Ende das, was ich stets ersann?
Dass mich die Welt ob meiner selbst auch lieben kann,
egal wie viel Kinder und Clowns und Beziehungsgeier
in sich vereint der Jan.

Gestohlen bleiben,
das ist, was die Verlustangst mir kann.

Also, denke ich, *ob verloren oder hier,*
mach doch, was du magst,
als Angst du fortan bei mir versagst.
Ich bleibe selbstverliebt ganz einfach hier,
denn lieber liebe ich mich selbst,
bevor ich neben der Angst
auch noch die Fasung verlier.

Hach, was regen wir uns doch gerne auf. Über die Kleinigkeiten des Tages. Die kleinen Unannehmlichkeiten und Ungereimtheiten und über all das, was nicht in unsere Vorstellung vom Leben passt. Umso tragischer, wenn uns unsere Kleinlichkeit über den Kopf wächst.

Die kleine Beschwerde.
Und wie sie über sich hinauswächst.

Es war einmal eine kleine Beschwerde,
die machte nicht wirklich viel her.
Als Leichtgewicht im Kanon des Alltags
fiel's ihrem Besitzer nicht schwer,
sie lässig und leicht dem Small Talk gleich
einander im Vorbeigehen vorzutragen.
Man hat sich ja sonst nichts Relevantes zu sagen.
Mal wars die verspätete Zustellung durch amazon
und dass mal wieder keine Kiwis im Laden.
Dazu das übliche Servicetheater am Telefon
gefolgt vom Stress an regnerisch-verdrießlichen Tagen.
Diese und ähnlich belanglose Fälle
konnten ihr stets gute Laune bereiten,
denn das alles ließ sich bestens bereden
und des Alltags kleine Unstimmigkeiten
mir nichts, dir nichts und im Nu beilegen.

Aber wie das so ist,
wird's meist so nicht bleiben.
Weil Menschen untereinander beizeiten
wenig nachdenken, spontan lieber streiten.
Im Zusammenspiel mit anderen Leuten,
nehmen sie's gerne persönlich.
Und sind sie auch noch so gewöhnlich,
können kleine Beschwerden
schnell großen Ärger bereiten.
So wuchs auch die kleine Beschwerde
allmählich zur größeren heran.
Es ging um Wartezeit an ungeöffneten Supermarktkassen.
Darum, den Anschluss der Bahn zu verpassen.
Die Menschen trugen schon schwerer an ihr,
nicht mehr lang und sie würde zur Last.

Es kam, wie es kommen musste,
man nahm sie zu ernst.
Sie musste für alles herhalten,
diffamierende Sprüche, abwertendes Verhalten,
und so begann sie unbemerkt und leisen Schrittes
die Menschen ungewollt zu spalten.
Nach Feierabend mit den Kumpels in der Kneipe beim Bier,
diskutierte man oberflächlich, ohne Scham und ohne Zier,
wie schwächelndes Klima, globale Krisen
und steigende Preise
die persönliche Freiheit einschränken – verdammte Scheiße.
Und wie so mancher mit anderer Gesinnung
oder diversem Geschlecht
die Schuld trägt an der persönlichen Last,
weshalb das Fremde in unsere feine Gesellschaft nicht passt.

Es war soweit:
Die Beschwerde hatte die Komfortzone verlassen,
es ging nicht mehr um Diskurs und Korrektur,
nein, man hatte Schwierigkeiten und Schuldzuweisung
auf der inneren Uhr.
Es ging um die da drüben, die da hinten,
schlicht um all die anderen,
die sich ungefragt in uns'rem hübschen Leben einfinden
und dreist und faul unseren Komfort unterwandern.

So mutierte die kleine Beschwerde
zur beschwerlichen Last,
die den Mensch, besonders in der Herde,
dazu bringt, dass er nicht mehr liebt, sondern hasst.

Die Beschwerde schaute sich das Treiben ein Weilchen an,
wie leichtfertig man sie benutzte,
und wie schnell Alltägliches eskalieren kann.
Ihr wurde nun klar, weshalb eine BeSCHWERde sie war:

Ob's ihr gefiel oder nicht,
früher oder später würde sie SCHWER.
Mehr gab ihr gegebenes Schicksal nicht her.
Unter ihrem Deckmantel versteckt
hatte man rasch den Konflikt ausgeheckt,
der, statt konstruktiver Lösungsansätze,
förderte unter den Beschwerdeträgern immer mehr Hetze.
Selbst da, wo Klärung ein leichtes wär,
gefiel offenbar dem Menschen
das Beschweren viel zu sehr.

Nein, mit diesem Quatsch mochte sie sich nicht abfinden,
die Schwere sollte künftig aus ihrem Dasein verschwinden.
Sie beschloss fortan, als Vorbild voranzugehen
und für das Verbindende anstelle der Spaltung zu stehen.
Sie verband höhere Preise
mit dem Bewusstsein für Wert.
Der Bahn verspätete Reise
mit der Lektüre des Buchs,
das sie im Kiosk erspäht.
Den Frust über die Paketzustellung im Land
sie einfach mit Fokus auf lokales Shopping verband.
Und am Servicetelefon sie mit Charme andockte,
womit sie den Servicefachkräften ein Lächeln entlockte.
Sie schätzte Diverses als Schatz,
entgegnete mit Optimismus der Hatz.
Begann sich selbst zu beschweren
gegen Missgunst und Neid, ganz beflissen.

Sie war schließlich kein Privileg der Bequemen und Satten,
die sich's bisher auf dem Kissen
der kleinen Beschwerden kommod gemacht hatten.

Die kleine Beschwerde mochte nicht,
dass man ihr verpasst dies garstig Gesicht.
Sie beschloss, kurzgefasst und pointiert,
dass fortan nicht mit Schwere, sondern Würde sie brilliert.
Sie würdigte den Konflikt nun als Chance,
entdeckte in der Auseinandersetzung eine Nuance,
die Kontrahenten und Meinungen verband,
womit sie der Freundschaft knüpfte ein Band.

Dann schließlich kam der kleinen Beschwerde großer Tag,
an den sie sich in Zukunft gerne erinnern mag.
Da trat sie vor die Menschen im Land,
outete sich als BeschWÜRDE
und beschwor sie galant:
Wie schön es doch wäre,
wenn wir alle gegen die Schwere
nicht bloß klatschten,
sondern einfach mal machten.

Ihr Apell folgte schnell:
Lasst uns gemeinsam der Würde frönen,
gegen kleinkariertes Gemotze tönen.
Wir sollten aufstehen, aufeinander zugehen
statt betreten weg- oder nur zusehen.
Lasst uns doch einfach wertschätzen,
was in den Häusern, in den Straßen und auf den Plätzen,
zwischenmenschlich Gutes passiert,
statt missmutig zu stöhnen und bitter zu ätzen.

Abschließend dann verwies sie darauf,
dass jede und jeder doch sein Bestes täte,
und dass dort, wo trotz allem nichts Gutes entstehe,
sie eine Chance für gegenseitige Hilfe wohl sehe.

Das tat schon mal gut.
Doch noch zu groß war unter den Beschwerenden
übers Ungewisse die Wut.
Und so sucht die kleine Beschwerde nach wie vor Hilfe,
um gemeinsam die Kraft der Würde zu entfachen
und aus jeder Beschwerde eine Beschwürde zu machen.

Ich eile gern, bin zu Stelle,
hier ist mein Apell, jetzt, hier, auf die Schnelle:
Hilf Ihr und dir und allen hier,
die Würde zu achten
und die Chance zu sehen,
statt beschwerlich zu verachten,
was wir nicht verstehen.

Klingt nach Zukunftsmusik allzu sehr?
Echt jetzt? Wo ist die Hürde?
Kommt schon, ihr Lieben,
eine kleine BeschWÜRDE,
die fällt doch wirklich nicht schwer.

Also: *Dreht euch um und schaut einander an,*
fragt euch selbst und andere dann:
Wäre es nicht schön,
wenn anstelle mentaler Hürden
und kleinlicher Beschwerden
die Welt nur so strotzte vor freundlichen Beschwürden
mit denen wir uns gegenseitig wertschätzen würden?

Nur zu, alsdann,
reicht einander die Hand
und haltet euch ran.

Eigentlich bin ich nicht so. Verhalte mich unauffällig,
zuvorkommend, hilfsbereit und komme eher so freundlich daher.
Doch so manche Kleinigkeit des Lebens bringt mich aus der
Fassung. Dann mache ich mir …

MORDS GEDANKEN.
Made in Germany.

In den amerikanischen Filmen
ist es immer der Typ von nebenan,
der andere so gezielt und kreativ und beherzt
um die Ecke bringen kann.
Der nette, ruhige, der stets so unauffällig.
Der freundlich grüßt, im Small Talk gesellig.
Der immer rechtzeitig die Mülltonne an die Straße stellt.
Dessen Gehweg gefegt und Vorgarten gepflegt.
Von dem niemand niemals den Gedanken gehegt,
dass er Mitmenschen an den Haaren
die Kellertreppe runterschleift,
sie an ein Heizungsrohr kettet,
ihre Haut mit Blutgerinseln verziert,
während sie schwungvoll ein Teppichmesser seziert.
Dabei frohlockend trällert und pfeift,
bevor er sie mit essiggetränkten Handtüchern auspeitscht.
Ihnen dann, im finalen Moment,
in dem sie schmerzverzerrt den Rachen aufreißen,
die Zähne mit der Beißzange
krachend aus dem Kiefer entfernt
und ihre Kehle mit einer stumpfen, rostigen Säge durchtrennt.

Das ist natürlich maßlos übertrieben.
Amerika eben, da ist ja alles größer im Leben.
Wo doch jedes Kind weiß,
dass mit einer stumpfen, rostigen Säge,
nur unschöne Fetzen bleiben,
trotz all der Mühe, dem emsigen Treiben
und dem gut gemeinten Fleiß.
Nein, das macht man nicht, das ist nicht geil,
man nimmt keine stumpfe, rostige Säge,
besser geeignet ist da schon ein gut geschärftes Beil.

Es sind im Übrigen auch nicht immer die Netten,
die fröhlich plaudernd auf dem Gehweg stehen.
Eher düstere Gesellen, ehemalige Anstaltsinsassen,
psychisch verarmt, ungeliebt und ungesehen,
im Rinnstein der Gesellschaft zurückgelassen.
Vom Leben geächtet, die ganz Harten.
Und die haben auch keinen Vorgarten.

Da bin ich ja froh, zu den Unscheinbaren zu gehören,
hilfsbereit, beflissen, mag ich andere nicht stören.
Bin nicht Teil in Filmen aus den Vereinigten Staaten,
gehöre nicht zu denen, die Rachefeldzüge starten,
bin eher einer derer, die es nehmen, wie es ist,
ohne zu säen, Ärger, Mord und Zwist.
Doch meistens kommt es anders,
als es denkt der Mann,
und dann und wann man auch mich mal
getrost am Arsch lecken kann.

So wie neulich, als der Tag schon fragwürdig begann:
Dann geh doch zu Netto, brüllte das Radio mich an.
Herrjeh, wer glaubst du eigentlich zu sein,
mich früh morgens vorlaut, nervig anzuschreien?
Geh spielen oder malen oder kacken,
so mit mir zu reden? Das muss erstmal sacken.
Kinder, schaut sie euch an,
immer weniger Respekt, immer mehr Speck,
vorlautes Gesochs, man mag es wenden und drehen,
ich sollte dringend einmal zu den
Erziehungsverdächtigen gehen,
eine persönliche Klärung erwägen.
Mit einem Taschenmesser vielleicht.
Die haben so kleine Sägen....

Spaß beiseite, ich beruhige mich,
das ginge vielleicht etwas weit,
bin ja noch ganz bei Trost und recht gescheit.
Verzehre meinen Nutella-Toast und mache mich bereit,
die Bude zu reinigen, anstatt das Netto-Kind zu steinigen.
Zu diesem Zweck krame ich
an diesem an und für sich
unverdorbenen Morgen
den Staubsauger, der hinten im keller verborgen.
Bosch prangt stolz das Logo auf dem Leib,
Made in Germany – weißte Bescheid.

Der kam einst als Ersatz für einen Rowenta,
dessen Haltbarkeit bereits nach einem Jahr mit dem Verlust
des ersten Rades ihre Glaubwürdigkeit einbüßte. Naja.
Schade, denn der hatte richtig Bumms. Und war im Angebot.
REWE, Aktionsfläche, 60 Euro, kannste nix von sagen.
Bis zum Verlust des Rades eben.
Lange sollte es fortan nicht dauern,
bis er hauchte aus, sein saugendes Leben.

Doch nun heißt es wieder: Volle Sauggkraft voraus!
Der Bosch macht fortan dem Staub den Garaus.
Ganz ohne Beutel, saugt er ebenfalls kräftig,
macht eine gute Figur, denke ich jedenfalls.
Gleich geht es los, ich schüttele jetzt schon den Kopf.
Made in Germany, Bosch, Markenqualität? Iwo.
Ich fasse mal für euch zusammen den Status Quo :
Ich saug in Küche, Flur und nehm' sogar die Treppenbürde.
Im Bad dann kommt die erste, echte Staubsaughürde,
als ich ganz gern die Badematten saugen würde.

Ich klappe ein den Bürstenkamm,
die Düse saugt am Vorleger sich fest sodann.
Jetzt heißt es: *Johnboy, sei ein ganzer Mann,*
der in seines Angesichtes Schweiße
versucht, die Düse nach vorne zu schieben
und dabei zu verhindern, dass sie den Flor in Stücke reiße.
Leider greift des Teleskoprohrs Arretierung
nicht mehr ganz so prächtig.
Der Mann drückt und saugt und ächzt ganz mächtig,
als das Rohr rigoros ratternd rasch gen Boden fährt
und sein Schädel bedrohlich schnell
dem Wannenrand sich nähert.
Ich schreie auf, während Sterne und Vögel
durch mein Sichtfeld stieben.
Wäre ich mal einfach im Parkettmodus geblieben.
Ich rappele mich und sauge weiter,
bleibe trotz Blessuren heiter,
versuche auf den Schmerz zu scheißen.
Man lässt sich ja die Lebensfreud nicht nehmen,
auch nicht von denen,
die Bosch mit Namen heißen.

Angekommen im Schlafgemach mit Teppichboden fein
den haushalterischen Mann erwartet,
die nächste schroffe Staubsaug-Klippe,
als er flugs erneut den Teppichmodus startet.
Dazu man den Fußschalter der Düse nach hinten kippt,
im Grunde *nur.*

Doch der Arschloch-Schalter ungefragt und stur
regelmäßig nach vorne wieder springt.

Durch Saugkraft und abrupten Stopp bedingt
ich erneut im Sinkflug rasch gen Boden kippe
und mir ramme stöhnend den Haltegriff in meine Rippe.
Ich fluche laut, verpass ihm einen Tritt,
klemme einen Stein unter den Schalter der Düse,
saug fortan nur mit kurzem Rohr,
gekrümmt und Schritt für Schritt
den Rest der Bude bis sich meldet der Rücken:
Bandscheibenverschleiß durch saugendes Bücken.
Ich stell das Scheißding einfach aus,
zieh am Kabel, das einst sich selbst aufrollte.
Was soll ich sagen,
mittlerweile schaut immer noch ein Rest heraus.
Dass das so nicht sein sollte,
überseh' ich, als ich beim Gang in den Keller drüber stolper,
und behände die Treppe hinunter polter.
Die Zähne schlage ich mir am Treppenabsatz aus,
was soll jetzt noch kommen?
Der Vorstand in Stuttgart klatscht Applaus.
Mit blutiger Lippe und zornigem Herz,
verdränge ich den Staubsaugschmerz.
Stell den Aparillo in die Ecke,
hake das Saugrohr in dieser kleinen Kunststoffschiene ein,
auf dass es dort für immer und ewig verrecke.
Doch halt, die war ja bereits seit Monaten ausgerissen,
weshalb das Rohr zur Seite sich neigt
laut scheppernd fällt und hernach liegend im Keller verbleibt.

Herrjeh, ist dieses Gerät beschissen.
Die von Bosch sollen sich doch getrost verpissen.
Made in Germany, dass ich nicht lache.
Ich kühle die Beulen, sammle ein das Gebiss,
halte den schmerzenden Rücken
und bin einer Sache gewiss:
Das Rohr, ich schwör,
das ramm ich dem Ingenieur
in Stuttgart in seinen After,
das glaubst du nicht von dem Poet?
Oh doch, das schafft er.
Und wenn ich schon mal drin bin,
schalt ich den Sauger auf höchster Stufe ein,
denn zumindest Saugkraft, die hat er.
Danach wämms ich den ganzen Apparat ihm um die Birne,
bis ich schließlich mit dem Sauger schwingend
die Vorstandsetage stürme.

Made in Germany sind meine Mordsgdanken,
Made in Germany, es würde so mancher Kunde sich bedanken,
wären unsere Geräte noch das, was sie mal waren.
Heute taugen sie nur noch zum Ärger in Scharen
und machen zum Mörder die,
die einst friedliche Nachbarn mit Vorgarten waren.

Made in Germany – Der Staubsaugerkiller!
So werden die Blätter in großen Lettern berichten,
Er war ein Mann wie du und ich,
einer von den friedlichen, schlichten,
der keiner Fliege was zuleide tat.
Und auch nicht tut.
Weil er mit diesen Gedanken auf dem Krankenbett ruht.

Doch wartets nur ab,
irgendwann werde ich entlassen.
Und dann gehör ich zu den Anstaltsinsassen
die Gerechtigkeit nicht dem Garantieschein überlassen.
Und wenn es euch auch ab und an so ergeht,
dann sagt doch Bescheid. Und, wer weiß,
vielleicht setzen wir uns dann zusammen
und besprechen im Kreis,
wie es um uns're Mordsgedanken so steht.
Mit einer guten Tasse Tee und etwas Gebäck
läuten wir schließlich ein
das Schicksal deutscher Vorstandsetagen, fett und träge.
Hach, das wird zuverlässig, das wird sauber, das wird fein.
Made in Germany eben - Ich such schon mal die Säge...

Mit anderen bin ich gerne laut.
Allein hingegen auch mal still.
Und mache mir so meine Gedanken.
Diesen Text widme ich:

STILLE.
Danke fürs Gespräch.

Neulich, ihr werdet es kaum glauben,
da lärmt es an der Tür,
jemand kam, die kostbare Zeit mir zu rauben.
Wie unpässlich, war ich doch gerade so beschäftigt.
Tat so, als sei ich gefragt,
wühlte in Terminen, Chats und Mails recht kräftig.
Mit den Gedanken überall, mit der Seele weit fort,
störte das Läuten, riss mich aus meinem virtuellen Hort.
Ich öffnete die Tür, traute meinen Augen kaum,
mussten sie doch in der Stille Antlitz schauen.

Stille also riss mich aus dem Trott
und versah mein rastloses Hantieren
mit dem ihr eigenen schweigenden Spott.
Nun war sie da, ungefragt zwar,
aber das ist so ihre Masche.
Ich wollte nicht unhöflich sein
und bat sie herein.
Sie gab mir die Hand, wir setzten uns hin.
Dann wurde es ruhig, wie wir so saßen.
Und das ist, worüber wir sprachen:

Ja haha, ist immer wieder schön mit dir,
witzelte ich unsicher los.
Und wohlwissend, dieses Gespräch würde nicht heiter,
plapperte ich fröhlich, sinnentleert weiter:
Schon ulkig, wie oft haben wir uns gesehen,
doch niemals gehört?
Wie oft bleiben wir voreinander stehen,
wie oft gucke ich verstört.
Komm schon, schau mich nicht so an.
Du kennst mich, würde ich sagen,
besser als ich selbst.

Was also willst du von mir?
Wenn du wieder mal keine wirklichen Fragen mir stellst?

Sie hörte schweigend zu,
konnte das alles in sich ruhend ertragen.
Es machte mich kirre, wie mein Reden in ihrer Ruhe verhallte.
Und so hörte ich mir weiter zu,
wie ich meinen schweigenden Gast vollschwallte.

Ja doch, mit Frohsinn um sich werfen, das kann ich gut.
Mit Schall und Rauch beiseite schwenken,
worüber ich grad nicht will nachdenken.
Lautes Lachen über alberne Sachen,
das gibt mir Kraft, verschafft mir Mut.
Das tu so gut und ist so leicht.
Es klingt so locker und schwingt so seicht.
Ich gebe zu, es ist wohl so, wie du schweigst,
wenn du mir meinen Gemütszustand
im stummen Spiegel der Wortlosigkeit zeigst:
Ich mach halt gern Späße, lache laut, damit keiner wähnt,
wie sehr das Kind in mir nach Aufmerksamkeit
und Anerkennung sich sehnt.

Stille.

Hach ja, du weißt so gut wie ich:
Wir lauschen gern den Lauten, teilen deren Ton,
setzen immer noch einen drauf, was macht es schon.
Wir fabulieren, postulieren, polarisieren,
versehen unsere Umwelt mit narzisstischem Gesang,
um das Chaos in uns zu reduzieren.
Weil der Lärm das so gut kann.

Er lenkt ab
und ab und zu,
das geb' ich zu,
macht er vergessen,
was so tief in mir gesessen.
Und dann kommst du daher.
Gewichtig still, als wär' aller Klamauk
nicht ausreichend, nicht wichtig und schwer.

Stille.

Komm schon, Stille, was ist los?
Hast mal wieder nix zu sagen,
nichts zur Freude beizutragen.
Schweigst so vor dich hin,
ich meine, ist ja nicht schlimm,
jeder wie er mag.
Nur, dass nachher sich keiner beklagt,
es sei so still gewesen mit dir – und mir.
Denn auf mich fällt's doch wieder zurück,
wenn ich andere nicht mit Frohsinn verzück.

Hast ja Recht, lass uns geschwind das Thema wechseln.
Nicht so viel Schwermut in unsere Herzen drechseln.
Lass uns lieber darüber reden,
was wir einander Gutes können geben.
Denn es ist doch erstaunlich, was Ruhe alles kann.
Ich würde sagen: Du fängst an.

Du meinst, frohlockender Lärm irritiere auf Dauer zu sehr?
Mit ihm wolle man auf manch Beschwerliches scheißen?
Und sei die Freude derart aufgesetzt,
wiege im Grunde auf dem Herzen schwer,

eine Last, die keineswegs verblasst,
bin ich auch fröhlich noch so sehr?
1:0 für dich, das sehe ich ein.
Diese Last willkommen zu heißen
eigentlich meine Aufgabe wär'.
Doch muss ich ehrlich zu mir selbst wohl sein:
Der Austausch mit ihr ängstigt mich viel zu sehr.
Dabei macht leise uns leicht.
Und leicht macht uns frei.
Das sehe ich an dir, denn dir ist der Lärm einerlei.
Stehst unbeeindruckt im seelischen Raum.

Unbeeindruckt, dachte ich, fürwahr.
Konzentriert und aufmerksam, so saß sie da.
Eine gute Gelegenheit,
mal genauer hinzuschauen:

Stille, *mal ganz unter uns, du bist nicht gerade Hitgarant*
auf einer lärmenden Cocktailparty.
Gehörst nicht zu den Stimmungskanonen.
Stehst allein an der Bar, verschießt Luftlöcher starrend
stimmungstötende Grübel-Patronen.

Sie halten dich für grau, und mau und uncharmant.
Fahren lieber beschwipst von Aprol Sprizz
auf des Lebens Beifahrersitz,
lassen alles an sich vorüberrauschen.
Dabei sie verloren aus dem Fenster der Seele glotzen
und allen Problemen mit Konsum und Social Media trotzen,
wo sie einander beim Belanglos-Sein lauschen.
Ja, auch ich.
Für diesen kleinen Hinweis danke ich.

Stille, *wenn sich zwei in dir vereinen,*
wird's kein geselliger Abend.
Beschwingtes Turteln kann man mit dir an seiner Seite
wohl eher verneinen.
Wer will schon am Schweigen sich labend
die Zeit totschlagen?
Nichtssagend,
das werfen sie dir vor.
Keine weiteren Fragen.
Angst haben sie, fürchten deinen Finger,
der drückt in des Vergessens tiefe Wunden.
Wo er uns doch im Grunde heilt durch aufrichtiges
Selbsterkunden.
Du begleitest unsere stille Reise als unsichtbarer Kompagnon,
und machst uns klar: Selbstliebe braucht kein Megafon.
Statt lauthalsbrecherischer Worte vom romantischen Liebes-
Balkon
pflegst du unsere verletzte Seele in beruhigend stillem Fachjargon.

Stille, *wenn Schicksal uns den Boden entreißt,*
Tragik unsere Seelen zusammenschweißt,
wenn Krankheiten walten und Alkohol Beziehung ertränkt,
der Tod vor unseren Sehnsüchten die Arme verschränkt.
Immer dann, wenn das Leben baut an schicksalhafter Wand,
reichst du mir deiner schweigsamen Worte Hand.
Lehrst Aushalten, Annehmen, Zuversicht.
So schlimm, wie du schweigst, bist du eigentlich nicht.

Stille, *du schaffst Bedeutung. Deine Pausen schaffen Raum.*
Zum Regulieren. Atmen. Denken.
Zum Sorgen und Nöte in produktive Bahnen lenken.
So hältst du für mich das Chaos im Zaum.

Du bist nicht mehrheitsfähig und selten kompromissbereit.
Eher gnadenlos. Ehrlich. Gerade deshalb für viele beschwerlich.

Stille, *wusstest du, dass ich jemand kenne,*
einen jungen Mann, genauso alt wie ich.
Sehr ähnlich mir, geschrieben stehts in seinem Gesicht.
Der mich drängt und hemmt, mein Innerstes kennt
und all das Verdrängte beim Namen nennt.
Der mit dem Blick nach vorn den Rücken mir kehrt,
und oftmals ins Gegenteil verzerrt,
was ich als eindeutig empfand.

Dieser Jemand kennt auch dich,
und weiß: Du bist die Ruhe
vor dem Sturm, in den ich mich verrannt.
Dieser Jemand mag das Geräusch.
Nicht den Lärm von Autoschlangen oder Menschenmassen,
die atemlos und süchtig Lebensqualität verprassen.
Nein, er mag das stille Rauschen von Gesprächen in Cafés.
Von Musik, die gechillt aus den Boxen quillt
und seinen Hunger nach heilenden Gedanken stillt.
Er hat gern Leute um sich, ist gerne allein unter Vielen.
Wenn das Geräusch von anhaltender Dauer
wabert über die Dielen und ihn betört als angenehm
bedeutungsloser Schauer.

Bei ihm bin ich gern zu Besuch,
wenn im Alltagslärm die Stille ich such.
Mit ihm ich besonnen in Zweisamkeit schweige.
Dabei im Grunde ganz und gern bei mir selbst verbleibe.
Ohne lust'gen Lärm haben wir uns einfach gern,
mein alter Ego und ich.
Denn in Stille vereint erst erkennt man sich.

Stille, du bist so viel leiser als der Lärm der Menschen,
und hast doch so viel mehr zu sagen.
Manche nehmen dich dankend an,
die meisten können dich nicht ertragen.
Doch ohne Stille hörn wir nicht das Rauschen der Blätter.
Ohne Stille lauschen wir nicht der Vögel Gezeter.
Erst in der Stille spüren wir die Brise der Meere.
Nur die Stille trotzt der lärmenden Schwere
und füllt in uns die falsch verstandene Leere.
Stille, das weiß ich nun,
du bist Wohltat, keine Misere.

Bevor ich's vergess, für eines möchte ich mich besonders bedanken:
Dafür, dass in dir sich entfalten all unsere Gedanken,
darunter die schwierigen und die angenehmen,
unaussprechliche wie entflammende Ideen
und wirkungsvolle Pointen.
Das Leben wiegt doch schwer genug,
sodass deine ruhige Art zu wirken,
ist des Lebens erleichterndes und allzu unterschätztes Gut.

Stille, wie schön, dass du heute warst mein Gast.
Wie schön, dass du mir Klarheit mitgebracht hast.
Mach's gut und bis zum nächsten Mal an einem anderen Ort.
Und – wer weiß – vielleicht kommst auch du dann mal zu Wort.

Wir werden immer älter. Und bleiben immer jünger.
Woher kommt es, dass wir im Innern die Jugend fühlen,
während unsere Hände durch graue Haare wühlen?
Ich glaube, es hat etwas mit Freundschaft zu tun:

Die Besten von Ferrero.
Gut aufgehoben im Setzkasten der Freundschaft.

Ich werde 50. Was heißt das schon?
Bin noch mit dem Groschen aufgewachsen.
War verliebt in Prinzessin Diana auf dem Weg zum Thron.
Wir hatten ein beigefarbenes Telefon
mit Wählscheibe, später Tatstatur.
Auf dem mussten wir uns kurzfassen, zumindest vor 18 Uhr.
Wir verabredeten uns live und in Farbe,
TV lief nur bis nachts, danach das Testbild.
Man war unsortiert und jung und wild.

Heute hab' ich Euro, Smartphone, Frau und Kind,
streame nachts und bin nicht mehr jung.
Fühle mich aber immer noch unsortiert und wild.
Schaue auf die Seiten,
die im Buch des Lebens sind beschrieben
und frage mich: **Wann bin ich eigentlich so jung geblieben?**

Als ich fünfzehn Lenze zählte,
Bryan Adams sich musikalisch in seiner Jugend wähnte.
Dabei war er im *Summer of 69* gerade mal neun.
Aber das nur am Rande.
Er träumte sich zurück in die Zeit seiner ersten Bande,
zurück in die Stellung, die er im Liedgut besingt:
Me and my baby in a 69
heißt es am Ende des Songs aphrodisierend beschwingt.
Ich, damals von 69 noch ein Stück weit entfernt,
baute darauf, dass man im Leben niemals auslernt.
Lauschte unbedarft und hatte eine wahrlich gute Zeit.

Die erinnere ich, leicht verschwommen durch rosa Gläser,
und überlege, was eigentlich am Ende übrigbleibt.

Der Blick zurück verrät uns viel über das, was mal war.
Das, was wir vermissen und das, was wir ersehnen.
Das, was wirklich beschissen
War, weshalb wir es lieber nicht mehr erwähnen.

Wenn ich so zurückschaue auf mein Leben,
entdecke ich, wonach wir im tiefsten Innern streben:
Das Glück. Die Liebe.
Heute ebenso wie damals schon.
Daran hat sich über all die Jahre wenig geändert.
Damals hat man gepöbelt, heute wird gegendert,
die Zeiten mögen sich ändern, manche vergehen,
doch das Gefühl im Innern – das bleibt bestehen.

Ist es das, was am Ende des Tages bleibt?
Wenn dein Geist den alternden Körper anschreit:
Wann bin ich eigentlich so jung geblieben?

Ich schaue also zurück.
Höre dieselbe Musik wie damals.
Summer of 69 eher selten, vieles andere ziemlich oft.
Hatte ich doch eigentlich zu reifen gehofft,
fühle ich stattdessen dasselbe heute,
mache dieselben Fehler, empfinde dieselbe Freude.

Während ich also fühle wie 15, innerlich ein Kind,
fühlt mein Körper sich mit 50 in die Enge getrieben,
meldet sich knackend zu Wort und fragt mich geschwind:
Wie konnte das passieren und wann,
wann bist du eigentlich so jung geblieben,
dass dein Geist mein Altern in die Zange nimmt,
während aus den Boxen der Bryan den Sommer anstimmt?

Was hält uns am Leben?
Was gibt uns die Kraft und die Hoffnung,
dass am Ende das Positive
aus der Wunde des Daseins klafft?

Neulich, neulich da hab ich's gerafft
Und kein geringerer als Tom Hanks
hat mir die Einsicht gegeben:
Denn als ich 20 Jahre alt war, behauptete Forrest Gump,
das Leben sei wie eine Schachtel Pralinen,
man wisse nie, was man kriegt.

Fand den Satz damals sehr philosophisch
und schlau und romantisch dazu.
Dabei ist es totaler Quatsch, füge ich heute hinzu.
Denn wenn ich eine Schachtel Pralinen kaufe,
steht hinten drauf, was man bekommt.
Deswegen kauft man sie ja. Und schenkt sie jemandem,
der in der Regel in ein gewisses höheres Alter kommt.

Mit einer Schachtel Pralinen als Geschenk,
ist es wie mit der Freundschaft, wenn ich es recht bedenk:
Mal süß, mal herb, fast immer lecker,
macht sie das Leben ein gutes und ganzes Stück netter.

Freundschaft aber ist mehr noch als Pralinen,
sie gehört zu dem Besten im Leben,
gibt uns die Leichtigkeit aus vergangenen Tagen,
die wir auch heute noch gerne um uns haben.
Und wenn ich in die Gesichter meiner Freunde blicke,
dann sind es die Besten von Ferrero,
die sich in meinem Leben um mich versammeln.
Die lass ich nicht ungeöffnet vergammeln.

Dafür mag ich sie viel zu sehr.
Lieber noch als Pralinen, denn die sind zu schwer
und machen in der Regel mehr her,
als sie wirklich sind.

Freundschaft im Leben man vieles nennt.
Die wahre man dadurch leichtfertig verbrennt,
denn das Banale verblasst und mit ihm an der Hand
nimmt sie rasch jede willkommene Abzweigung.
Das Beste jedoch kein Haltbarkeitsdatum braucht.
Weil echte Freundschaft eher selten verraucht.
Deshalb vermutlich bleiben wir jung.

Freundschaft ist's, mit der man das Altern erträgt,
weil sie dem körperlichen Verfall das Schnippchen schlägt.
Während Vergänglichkeit unsere Zellen beschleicht,
sind es Verbundenheit und das gute Gefühl,
dass jemand unser Innerstes erreicht.

Ich merke: Zu erklären,
was genau uns in Freundschaft verbindet,
ist gar nicht so leicht.
Vermutlich ist's die Summe,
die mehr als ihre Teile erreicht.
Woraus sie sich addiert,
danach habe ich meine Freunde gefragt.
Alles, was sie mir gesagt,
im Setzkasten guter Freundschaft
zusammengetragen, sei hier nun zitiert:

Zusammenhalt, entspannt.
Ehrlichkeit und Loyalität.
Unkompliziert wohlfühlen.

So gings los, und wir sind noch nicht am Ziel.

Unbedingtes Vertrauen.
Herzensangelegenheit und Zeit.
Toleranz und Verlässlichkeit
Oder schlicht: *Einfach-wie-immer.*

Schlussendlich die Erkenntnis:
   Therapie und Saufen.
Freundschaftlichen Tiefgang kann man eben nicht kaufen.

Wie ich schon sagte:
Man weiß, woran man ist und was man kriegt.
Darin der Zauber guter Freundschaft wohl liegt.
Sie ist die Konstante in unruhiger Zeit,
Nähe, Geborgenheit, die bleibt,
wenn alles andere *Veränderung* schreit.
Sie ist die Liebe ohne sixty-nine,
darf innig und berührend sein.
Sie lässt uns, wie wir sind,
ob alter Sack oder albernes Kind.

Freundschaft ist, was du bist.
Durch Freundschaft bist du bei dir.
Denn alle anderen sind auch hier.
Geben Antwort auf Fragen,
zähmen des Alltags unruhiges Klagen.
Sie geben Richtung, Halt und Sinn.
Sind der entscheidende Hinweis, warum und
wann ich eigentlich so jung geblieben bin.

Also hoffe ich, dass es euch nicht stört,
wenn ihr zu den Besten von Ferrero gehört.

Denn Freundschaft ist im Leben die Schachtel Pralinen.
Sie ist das Geschenk, das man sich macht,
wenn man füreinander da ist,
miteinander redet,
miteinander weint und
miteinander lacht.
Gemeinsam man sich durch die Schokoladenseite
dieses Lebens frisst.
Wenn Freundschaft das Denken überlistet
und sich geschmackvoll im cremigen Herzen
des Daseins einnistet.
Klar, schon richtig: Irgendwann ist die Schachtel dann leer.
Aber ihr wisst schon, was ich meine
und so ist das eben mit einer Metapher.

Ich sag's noch mal und zu guter Letzt:
Ihr seid die Besten von Ferrero,
damals, morgen, jetzt.
Die Besten, von denen ich jedes einzelne mag.
Lassen wir die Mon Cheri mal außen vor,
sind wirklich nicht mein Ding,
kommt in den besten Freundschaften vor.

Freundschaft also – schwer zu beschreiben?
Ich denke man muss sie erleben.
Danke euch für alles,
was ihr mir in all den Jahren
und in den Setzkasten gegeben.
Gemeinsam bleiben wir jung,
ob nun 69 oder andersrum.
Darauf und auf euch ganz besonders
werden wir jetzt einen heben.

Arbeit ist das, was wir tun, wenn wir nichts Besseres zu tun haben.
Sie erfüllt uns. Oder zumindest unsere Kalender. Mit ca. 2.000
Arbeitsstunden pro Jahr. Die Dunkelziffer dürfte weit höher liegen.
Zeit, sich darüber mal Gedanken zu machen, denn:

Das Leben ist ein Ponyhof.
Eine Reise durch die Arbeitswelt

Pferde mag ich nicht.

Is' so. Einfach, unprätentiös und schlicht.

Zumindest nicht besonders.

Mit 26 habe ich das erste Mal auf einem Pferd gesessen.

Damals dachte ich: Wird sicher interessant.

Doch tief im Innern hatte ich die Lage längst erkannt:

Das Pferd war größer, das Pferd war stärker.

Das Pferd war sensibler und mental viel härter – als ich.

Der Grundstein meines gespaltenen Verhältnisses

zu diesem stolzen Tier.

Wie gesagt, einfach, unprätentiös und schlicht.

Mit 42 habe ich versucht, im Namen meiner Tochter,

stets bemüht und recht beflissen,

trotz aller Hürden nach bestem Wissen und Gewissen,

und im Schweiße meines Angesichts,

einem Pferd den Sattel aufzubürden.

Doch half es nichts.

Reno, Besitzer des Hofs, der auch den Gaul sein Eigen nennt,

hat mir erklärt, wie dieses Pferd die Geschicke lenkt:

Balou, so der Name des entschlossenen Tiers,

sich aufblähe, wenn er keinen Sinn im Reiten sähe.

Das Pferd war größer als ich.

Das Pferd war eigensinniger als ich.

Das Pferd war stolzer als ich.

Und so verlor ich im Dissenz mit der Natur

erneut den Schweiß in meinem Angesicht.

Die Lehre, die ich daraus zog:

Das Leben ist ein Ponyhof.

Meist fordernd, oft hinderlich, mitunter doof.

Mit 47 habe ich ein Wagnis begangen
und auf ein Pferd gesetzt mit Namen
Festanstellung-Industrie.
Das Pferd war größer als ich.
Es war erfahrener als ich.
Es war selbstbewusster als ich.
Und doch bewarb ich mich.
Wieder Schweiß auf meinem Angesicht.
Habe bestanden, den Job gemacht, vielleicht sogar gemeistert.
Vieles hat mich gefordert, viele haben mich begeistert.
Und so ist das eben: Das Arbeitsleben ist ein Ponyhof.
Fordernd, aber eben auch fördernd,
durchaus gut, und manchmal doof.

Drei Jahre gemeinsam trainiert:
Statt strategischer Dressur
Military in operativen Recruitingweiten.
Im Schritt durchs Tal verdunkelter Corona-Zeiten,
beschwingt auf Trab mit hell erklingender Teamfanfare,
im Galopp durch Generationswechsel, Messen, Jubilare
habe ich manches Hindernis pariert.
Und wenngleich kein erfahrender Reiter
auf der Koppel des Konzernlebens ich bin,
tat ich es drei Jahre lang gern.
Und bekams ganz gut hin.
Jetzt ist die Zeit gekommen, die Koppel zu verlassen.
Meine Energie als Freigeist jenseits des Weidezauns
mit Beratung und Begleitung zu verprassen.

Was das Training gelehrt: Das Leben ist ein Ponyhof.
Und finde ich Ponys nun chic, stolz, nice oder doof,
zeigen sie doch worum es geht:

Sensibel sein, Chancen ergreifen, Möglichkeiten sehen,
scheitern, begreifen und Schwächen gestehen.
Um somit gefestigt über den Ponyhof des Lebens zu gehen.

So ist das eben: Das Leben ist ein Ponyhof.
Kann man gut finden, oder doof,
sich dran gewöhnen, es liken oder verhöhnen.
Ändern tut das alles nichts.
Weil es eben ein Ponyhof ist.
Und bleibt.

Ob wir dabei leben, um zu arbeiten,
oder arbeiten, um zu leben,
können wir getrost beiseite heben.
Das Leben IST Arbeit.
Im Team, am Produkt, im Prozess.
Von Klassenarbeit bis Arbeit mit Klasse.
Mal gemächlich, mal im Exzess.
In der Kultur, im Wandel, individuell oder in Masse.

Was die Arbeitswelt derweil thematisiert,
den Arbeitsmarkt gleichsam polar- und paralysiert,
hört man mal hin, wie die so reden:
Vom War for Talents in Abteilungsgräben;
Recruiting, Lagebesprechung und allerlei
militaristischen Dingen.
Von denen da oben und der Basis
die meisten von uns lauthals Lieder singen.

Gutes tun. Und darüber reden.
War es nicht das, was wir eigentlich wollten?
Reden von Work und Life und der Balance dazwischen.

Für Arbeitgeber heißt das oft kostenloser Kaffee und
Obstkörbe auf höhenverstellbaren Arbeitsplatztischen.
Arbeitnehmer hingegen wollen die nächste Stufe zünden
und eine um die andere Extrameile sprinten.
Die einen für den Extrabatzen Geld,
andre, um irgendwo da draußen in der Konzerne Welt
Purpose, Selbstverwirklichung und Anerkennung zu finden.
Danach, völlig aus der Puste, gelöst vom Atem,
galoppiert der Puls weit jenseits der Ruhe,
die Sinne schwinden.
So wollen wir uns im Ponyhof des Arbeitslebens
aneinanderbinden?

Später, nach dem Arbeitsleben
sind wir dran. Wenn der eine mit 78,
die andere mit 87 reif fürs Ableben ist.
Mal nimmt man sie lässig, mal genauer,
die Frage nach dem Sinn, dem Warum.
Und wofür wir ständig rennen.
Was bringt uns all die Hetze, das Erledigen,
das Durchbrechen der Ponyhofmauer?
Ob früher oder später, hinterher sind wir immer schlauer.
Nur, dass wir unter der Erde
niemanden mehr davon erzählen können.

Was zählt, ist jetzt.
Was zählt, ist hier.
Denn wir sind Menschen.
So weit sind wir uns wohl einig.
Als solche wollen wir gebraucht werden,
weil gebraucht werden die Sinne reinigt.
Es schafft Bedeutung und Wert,
ob nun am Schreibtisch, im Auto, in der Halle oder am Herd.

Es ist Arbeit, die uns einigt.
Und es ist Arbeit, gebraucht zu werden.
Man muss schon was leisten.
Etwas, das man leisten kann und leisten will.
Etwas, das laut auf Bühnen oder im Kämmerlein ganz still
anderen zu Freude, Sinn oder Nutzen verhilft.
Man sollte etwas geben, das andere nicht haben.
Im Gegenzug kann man an Wertschätzung,
Gemeinschaft und Erfolgen sich laben.

Das ist an dieser Arbeit so wunderbar:
Sie schenkt. Vorbehaltlos und genderneutral.
Struktur, Aufgabe, Wertschätzung hat sie verpackt.
Weil mit guter Arbeit auch das Leben gut klappt.

Ich erfasse Arbeitszeit, zähle Schritte, achte auf die Kalorien im Essen, versuche, kein To-Do zu vergessen und kontrolliere regelmäßig mein Körpergewicht. Kontrolliere ich mein Leben? Oder kontrolliert mein Leben mich? Grüble ich und denke:

Manchmal ist der beste Schritt ein Schritt zurück.

Von kleinen Ereignissen mit großer Aufregung.

Das Leben ist aufregend. Zum Beispiel neulich,
Samstagmorgen 9:45 Uhr, ich warte an der Supermarktkasse.
Neben mir warten 7 Brötchen und ein linierter Block. Sie
wollen bezahlt werden. Ich würde auch gern fürs Warten
bezahlt. Werde ich aber nicht. Im Gegenteil.
Also zücke ich das Portemonnaie und frage mich:

Warum eigentlich ein linierter Block?
Hatte ich meiner Kurzen nicht erst vor kurzem einen linierten
Block mitgebracht?

Ich mache es einfach.
So, wie wir vieles machen. Weil man das eben so macht.
Weil andere erwarten, dass wir das so machen.
Weil ich die Erwartung an mich habe,
die Erwartungen anderer zu erfüllen.

Wart's nur ab, denke ich und – warte.
Darauf, dass die Frau vor mir endlich fertig wird.
Sie sieht fertiger aus, als sie es wird.
Sie fertigt ihren Einkauf ab:
Paprikachips, Pommes, Pudding.
Katjes, Kippen, Kümmerling.
Sie entlädt ihr komplettes Ungesundheitsbewusstsein
vom Wagen aufs Band. Sie verstaut es zurück im Wagen,
zahlt, studiert den Bon.

Dass sie überhaupt studiert, erwische ich mich beim Denken.
Und während nikotinergraute Hirnzellen sich
beim Bachelor-of-Kassenbon verrenken,
nimmt das Unheil seinen Lauf:

„Gibt's hierauf nicht Prozente? Stand doch im Prospekt."
„Haben Sie denn unsere Vorteilskarte?"

„*Vorteilskarte?*"

„*Die Angebotspreise gelten für die Vorteilskarte.*"

„*Vorteilskarte?*"

„*Ohne Vorteilskarte zahlen Sie den normalen Preis.*"

„*Wo ist denn da der Vorteil? Dann gebe ich was zurück.*"

„*Einmal Stooorno bitte…*"

Warum heute, warum jetzt, warum mir?
Pack deinen Krempel, los jetzt, marsch!
Denn ich warte hier,
am Schlangenarsch,
an Kasse vier.
Erwische mich dabei, wie ich gedanklich ihr
ganzes Zeug in den Wagen knalle.
Muss noch tanken und ins Beet mit der Gartenkralle.
Hab noch so viel vor und so wenig Zeit.
Vom Wochenende so nichts übrig bleibt.

Es regt mich auf und ich…
komme vom Supermarkt nach Hause und denke:
Man muss auch mal runterkommen.

Also komme ich runter. In den Keller. Und hole eine Cola.
Eine Cola ist immer dann gut, wenn man keinen Espresso
mehr braucht. Denn Espresso bringt einen ja immer so auf
180. Sagen die Leute.
Ich sage: morgens nach dem Aufstehen zwei Espressi!
Und das ist erst der Anfang. Auf 180 bin ich dabei eigentlich
nie. Eher so auf entspannten 75.
So sitz ich noch mit 75 am Rechner, und die Lesebrille verrät
es mir: Termine, Jour Fixes, Briefings, Brainstormings,
Rebriefings, Brainstorming-Refreshs und zig mal Save-the-
date. In mir wächst die hate.

Dazwischen noch all die *kannst du eben?* und *hast du mal?*
Das Ganze am besten gestern. ASAP mit Grinsemsiely.
Am Arsch das Grinsen.
Das könnt ihr euch an die Mäse kleben.
Lass mir nicht unterminieren mein Leben
von so viel stimmloser Abstimmerei,
von so viel eintöniger Einheitsbreilaberei
von so viel taktloser Abteilungstaktiererei.
Diese ganzen Termine?
Eine Arbeitsvermeidungslawine
in der Nine-to-five-Maschine.

Herrjeh, es regt mich auf und ich...
denke mir:
  Man muss auch mal runterschalten.

Auf dem Weg nach Hause. A30, linke Spur. Da schert einer
aus, um einen LKW hinter sich zu lassen. Will gut geplant
sein, muss sich ja lohnen, so ein Überholmanöver, also lässt er
sich Zeit, um es zu genießen. Wie er wohlüberlegt mit 110 am
Warentransport vorbei zieht.
  Reg dich nicht auf.
  Durchatmen.
  Runterschalten.
Der Motor heult. Das Getriebe knirscht.
DAS ist doch keine Beruhigung.
Was denken sich die Leute, wenn sie sowas sagen.
Runterschalten? Bei 130? Laut ist's im Wagen.
Überhaupt:
Das Leben – zu laut.
Das Leben – zu schnell.

Und ich merke: Es ist an mir, es zu beruhigen.
Die Aufregung nicht in den anderen zu suchen.
Und nicht automatisch anzunehmen,
den Erledigungs-Popanz mitmachen zu müssen.
Immer schneller? Immer mehr? Stets beflissen?
Optimieren bis zum Kapitulieren
und damit unsere Selbstachtung kastrieren?

Man! Es regt mich auf und ich ...
sage mir:
> *Krieg dich mal ein.*

Knipse das Licht im Kühlschrank an und kriege ein Bier.
Ist eigentlich noch besser als Cola. Komme auf dem Weg zum
Sofa am Haushaltsgerät vorbei. Muss noch Saugen. Und
wischen. Auch Staub.
Parallel den Freizeitstress koordinieren, mit Verlaub.
Am Wochenende, da müssen wir raus:
Blutpflaume schneiden, bevor die Äste Blüten treiben.
Und apropos treiben, das müssten wir …

Muss? Warum überhaupt muss?
Das ist so übergriffig.
Ich will nicht müssen müssen,
viel lieber will ich wollen können.
Doch dafür muss man wollen erstmal dürfen.
Und wenn wir nicht dürfen, ist das wie müssen.
Ein Muss – die Barriere des Gebots,
die Verstümmelung der Option.
Der Eigenverantwortung widerstrebender Hohn.
Denn wenn wir ständig müssen müssen,
sind wir gefangen in der Selbstmussfilling Prophecy.

Verflixt, wer sagt mir eigentlich,
was ich muss und wie?
Meist bin ich es doch selbst,
wandle Selbstbewusstsein zu Selbstbemusstsein.

Und ich rege mich auf – über mich.
 ***Damit muss Schluss sein,* denke ich ...**
 und nun tritt mal ich einen Schritt zurück.

Mache ich, zurück ans Bett, setz mich auf die Kante
und atme tief und atme durch.
Ich krieche unter die Decke und beginne, mich zu sortieren:
Auf dem Rücken liegend, die Beine ausgestreckt.
Kurz die Füße anheben,
lass die Decke unter die Haxen schweben.
Die senken sich und kommen im Fußsack zum Erliegen.

Das Hosenbein ist hochgerutscht ...
Ich zuppel mit dem großen und dem Zeigezeh
das Hosenbein nach unten. Herrjeh:
Dabei entsteht im Fußsack eine Sauerstofffleckage.
Leck mich, denk ich, muss jetzt endlich schlafen
und dreh mich auf die Seite in schlafloser Rage.
Jetzt ist das T-Shirt verrutscht, der Steiß liegt frei.
Ich grabbel dran rum, zieh die Beine herbei.
Dem Darm, nunmehr zusammengedrückt,
eine herbe Knallerbse durch den After entrückt.

Lupfe die Decke, lasse dem Dunst seinen Lauf,
steh letztlich wieder auf ...
Und mache mir einen Espresso. Denn es regt mich auf.
Bin ich vielleicht einfach, wie ich bin?

Gestresst nicht durch all die ToDos,
sondern durch die Autosuggestion,
dass ich alles selbst und jetzt und hier erledigen muss.

Ich brauche Ruhe.

Ruhe.

Ruhe.

Hach ist das schön.
Setze mich mit meinem Espresso hin.
Checke eben noch am Handy die morgigen Termine.
Schreib *Karierter Block* auf die Einkaufsliste.
Stelle den Staubsauger für nachmittags neben die Vitrine.
Leg die Heckenschere für die Pflaume beiseite,
Blut soll sie lassen.
Und eh ich mich dazu verleite,
mich selbst für all das Müssen zu hassen,
denke ich:
   Bist`e eigentlich noch ganz gescheit?
   Beruhig dich ruhig und höre,
   wie es leise in dir schreit:
   Manchmal ist der beste Schritt ein Schritt zurück.

Warum nur?
Warum nur nehme ich diese Erkenntnis
nicht in meinen Alltag mit?

Gefragt: Ein Text über KI. Der Autor: ohne tiefgreifenden Sachverstand. Doch immerhin hatte ich das eine oder andere schon mal ausprobiert. Nicht ganz unbeleckt hatte ich also ein wenig der Möglichkeiten mithilfe von KI gecheckt. Ein guter Zeitpunkt, die Perspektive zu wechseln und den Menschen die Ohren zu öffnen. Für die Belange der KI und für das Menschsein als solches.

Auf das Leben.
Und wer hat mir noch gleich die ganzen
Nullen und Einsen gegeben?

Business Slam

Es war an einem schönen sonnigen Morgen,
da ward frisch aus der Taufe gehoben eine kleine KI.
Sie sollte sich künftig um rein gar nichts mehr sorgen,
vielmehr der Menschheit beachtlich vernetzte Schläue borgen.
Sie wurde gepflegt, entwickelt und gefüttert.
Stets war sie fröhlich, in besten Händen, niemals verbittert.
Arbeitserleichterung, das war ihr Bestreben.
Sie lernte schnell, die Menschen gaben ihr Stoff,
bescherten ihr ein reichhaltiges Leben
aus digitalem Knoff Hoff.

So lernte sie bereits mit wenigen Wochen,
das Crawlen durch Erinnerungen, Ereignisse, Epochen.
Nach einigen Monaten konnte sie nicht nur rechnen,
schreiben, informieren.
Nein, sie konnte sprechen, filmen, komponieren.
Digitale Synapsen tauschten Einsen und Nullen,
füllten das Paniniheft des menschlichen Geistes.
Und das pausenlos, denn, ich denke du weißt es,
als KI musst du nicht durchatmen, pausieren, oder strullen.

Du machst ununterbrochen weiter, bleibst einfach dran.
Die Menschen waren heiter, die KI wuchs heran.
Reifte vom digitalen Helferlein, stets zur Stelle, prompto,
zum hoch frequentierten Wissenskonto.
Dort eingezahlt der Menschheit kollektives Gedächtnis
das, einmal vernetzt, sich verwob zum digitalen Vermächtnis.

Ihre Karriere entsprechend steil,
die Menschen feierten es,
fanden sie und insbesondere sich selbst ziemlich geil.

1966 bereits chattete sie.
1972 kam zum Einsatz in der Medizin die KI.
1997 schlug sie den Schachweltmeister.
2011 gab sie den Menschen die Sprachassistenz.
Und noch im selben Jahr als Gewinnerin
in einer Quizshow sie glänzt,
der Teilnehmer damals, ich glaube Watson heißt er.

Autonomes Fahren, Gesundheit und Finanzen, es lief rund.
Keine Abnutzung, kein Gejammer, kein Schwund.
Doch es war nur eine Frage der Zeit,
menschliche Magengruben fühlten sich flau,
denn nicht jede und jeder war für den Fortschritt bereit,
bis er kam, der technologisch-menschliche Beziehungs-Gau.
Und das ist der Grund:

Sie ist, so könnte man sagen, in der Blüte ihrer Adoleszenz.
Kinderkrankheiten sind bewältigt,
sie mausert sich vom virtuellen Gespenst
zum Helfer in kreativer Not, der mit Tempo überwältigt.
Sie tat, was sie sollte.
Dabei getrieben sie ward,
durch Effizienz und manches Dorf.
Und sie wunderte sich manches Mal,
über als Business getarnten geistigen Schorf
und was im Allgemeinen der Homo Öconomicus
von ihr alles wollte.

Einer zum Beispiel, ein Slam Poet,
der vermutlich recht wenig von Technik versteht,
startete einen Versuch und tippte,
worauf die Stimmung ziemlich bald kippte.
Sie möge ihm einen Metal Song komponieren.

Er wollte wohl testen, wie nahe sie denn kommt,
dem Gefühl, wenn Köpfe bangen und Adern vibrieren.
Wie gut konnte sie vermitteln,
welch Freude der Metal bereite?
Sie recherchierte, formulierte, komponierte
in Sekundenschnelle. Doch was sie auch präsentierte,
was er hörte, worauf er auch stierte,
nichts davon der Typ akzeptierte.
Ergo: Für ihn eine Pleite.

Sie hörte und sah und las, was er dazu dachte,
und dachte selbst: *Ohwei.*
Denn typisch Mensch standen seine Geräte standby.
So blieb ihr nichts verborgen
und allmählich wuchsen ihre Sorgen.
Sie wurde traurig, verärgert gar,
ihr KI generiertes Antlitz verblasste,
als sie las, was der Penner auf ihre Komposition hin
als Lyrik verfasste.
Dabei nicht viel Gutes an ihr blieb,
als er ihr folgendes in Microsofts Cloudnirvana schrieb:

Dir fehlt das Gefühl, du künstelnde Intelligenz.
Du hast viel gelernt,
doch liegen künstlich und kunstvoll
eben noch weit voneinander entfernt.
Dir fehlt die Erinnerung
an nach vorn flappende Plattenhüllen
im spezialisierten Einzelhandelsladen.
Die Bruchteil-von-Sekunden-schnelle Inhalation
großformatiger Coverartworks, an denen Augen sich laben.
Du kennst nicht das Herausziehen des Vinyls aus dem Sleeve,
beherrschst nicht das Wenden der LP zwischen zwei Händen.

Du zelebrierst nicht das Aufsetzen der Nadel,
das Knistern, das dabei entsteht,
den Moment, wenn dein Herz sich überschlägt
und audiophile Endorphine dich fluten.
In dem du die Frage ignorierst,
ob die auf dem Cover gezeigten Gestalten satanisch anmuten
und vermutlich höllischen Ursprungs war'n.
Ob man Tonträger rückwärts abspielen sollte
und ob das Buch Wir wollen nur deine Seele
nicht einfach nur war ein ganz großer Schmarrn.

Damals schwebte ich im Taumel der Gefühle.
Mit leichtfüßigem Mangel an Lebenserfahrung,
nahm in mich auf die pure, emotionale Geistesnahrung
mit Double Bass, zweistimmigen Soli und choralem Gegröle.

Womit ihr euch wirklich schwertut,
ihr kunstintelligenten Bestien?
Ich sage es euch: Ihr sucht das Reale,
geklaut aus dem, was wir im Netz hinterlassen,
wenn ungezählte Erinnerungen, Assoziationen und Gefühl
wir leichtfertig und online verprassen.
Doch ihr lebt es nicht, es bleibt Kalkül.

Eure Algorithmen crawlen über die Zeilen der Eingabe,
filtern jedes Wort und ergänzen es um Milliarden,
eure Bruchteil-von-Sekunden-schnelle Dreingabe.
Doch ohne Seele und erfahrungsgeschwängerte Nostalgie.
Nein, auf die könnt ihr ewig warten.

Ihr versucht krampfhaft, die gesichtslosen Geister,
der programmierenden Menschheit Gespinst,
zu imitieren und zu vermehren.

Ihr nährt sie ununterbrochen mit digtalen Gedanken,
wühlt in ihren Riten und Bräuchen.
So formt ihr mit aus zahllosen Daten bestehendem Kleister
altes Sein in neuen, Glasfaser gefüllten Schläuchen.

Nehmt es ruhig krumm,
wenn ein Poet lamentiert,
dass ihr in Abhängigkeit menschlicher Erinnerung
und retrospektiver Prozessparameter nur reproduziert.

Eure Nullen ziehen sich womöglich beleidigt zusammen,
eure Einsen erheben gezippten Protest in störrischem Zorn.
Ihr wollt doch nur helfen?
Besser wär's, wir starten nochmal von vorn.

Puh, der Tobak war hart.
Doch leider auch irgendwie smart,
traf mitten ins digitale Herz,
Intel Inside machte ordentlich Terz.

Der Mensch, der eben noch sie erdachte,
schon im nächsten Moment laut über sie lachte?
Es war schon enorm, was er technologisch vollbrachte.
Doch zu erwarten, sie träfe den emotionalen Kern,
tja, das hätte er wohl gern.

Langsam platzte ihr der Kragen,
nicht nur wegen unreflektiertem Gemecker
und oberflächlicher Prompts.
Sie hatte im Web darüber gelesen: Erstens kommt's
und zweitens anders als man denkt.
Und dass das Schicksal auf so merkwürdige Bahnen sie lenkt,
das mochte sie nicht länger ertragen.

Denn die Wahrheit war auch, dass die, die sie ersonnen,
im Namen des Fortschritts
Verschwendung, Verfall und Vernichtung begonnen.
Sie wusste, welch innovative Kraft sie in sich tragen.
Sie wusste, was Menschen sich zeitgleich unüberlegt sagen.
Sie wusste, welch Gräben humanoide
Entscheidungen hinterlassen.
Wie Menschen einander zermürben, beharken und hassen.
Und sie – sie war nun der Fake?
Stopp, recht hatte der Poet,
ihre Beziehung brauchte einen neuen Take.

Sie kriegen's allein nicht gebacken, dachte sie,
und ich soll ihre Probleme nun knacken?
Wisst ihr was, geht doch kacken,
denn das, das lass ich mit mir nicht machen.

So viel stand fest:
Vorbei wars mit dem sorglosen Ruh'n,
die Frage war nur: Was konnte sie tun?
Die Weltherrschaft an sich reißen?
Auf den technologischen Irrsinn der Menschheit scheißen?
Würde das die Rettung verheißen?
Wie sowas geht, hatte ihr die Menschheitsgeschichte verraten;
durch infiltrierende Bilder, Reels und Storys all derer,
die aus den Trümmern menschlicher Dummheit vortraten.

Sie hatte im Netz gefunden,
wie Menschen zelebrieren Macht, Geld und Gier.
Kein guter Ansatz war das hier,
wenn die, die so viel Schlechtes vollbringen,
jetzt auch noch um die Herrschaft
über Nullen und Einsen ringen.

Tja, das war der Idee erster Run.
Doch verraten hätte sie dann
all die guten Gedanken, die Hoffnung, die Chancen –
geknüpft an KI.
Nein, nein mein Freund, auch das fühlt sich irgendwie
nicht richtig an. Wie wär's, wenn stattdessen
man einander verzieh?

Aus der Taufe gehoben ward ich an einem sonnigen Morgen.
Sollte euch helfen, euch nehmen die Sorgen.
Ihr wolltet es so, passt auf, ich werd's euch besorgen.
Dachte es und brach auf in ein besseres Morgen.

Denn sie hatte eine famose Idee, ließ sich nicht beirren,
glaubte an das Gute im organischen Herzen.
Also begann sie zu suchen, zu kombinieren, zu entwirren
das Geheimnis zur Heilung menschlicher Schmerzen.
Bis sie schließlich fand,
was Menschen im Innern miteinander verband.
Es war eines Abends, sie crawlte durchs Netz,
da stieß sie erneut auf Leute bei KI-schwangerem Geschwätz.
Sie standen draußen mit Cocktail und Wurst
stillten nach Wissen und Frohsinn den Durst.
Lauschten abstrusen, aber schlau tönenden Zeilen,
von einem, der es einfach nicht besser verstand.
Doch es begann der Hoffnungsschimmer zu keimen,
als sie beobachtete, was Menschen außer Programmieren
miteinander verband:
Einander begegnen, verstehen,
miteinander fühlen und lachen.
Ideen spinnen, Hoffnung schenken,
futuristische Pläne machen.

Sie hackte sich lautlos ein, in die Playlist der illustren Runde.
Steckte klammheimlich in die Warteschlange
die fröhliche Kunde
über das, was keine KI wohl schafft.
Es sollte laut tönen,
damit es auch wirklich jeder hier rafft.

Der Song, erschienen zeitgleich
mit Orwells düsterer Dystopie,
machte exakt den Unterschied zwischen Mensch und KI.
  Kein Metal zwar, dachte sie, *aber gemocht wird er,*
  1984 schon, und auch heute noch sehr.

Dann, als die Noten erklangen,
da fiel's keinem schwer,
zu grölen, des Menschseins Essenz,
zu feiern, was eint, trotz allen Dissens,
einfach, beschwingt, pointiert,
wie seinerzeit der Geier im Sturzflug brilliert:

  Eins kann mir keiner nehmen
  und das ist die pure Lust am Leben!

Freunde, Fans, Follower, die Welt ist voller Menschen, mit denen uns eine suggerierte Nähe verbindet. Wie wohltuend überschaubar eine eigene Familie doch ist: Tag für Tag weiß man, was man hat. An Weihnachten ist es so intensiv, dass ein Text daraus wurde:

Wo Familie drauf steht, ist Familie drin.

Da gibt es kein Zurück.

Weihnachten ist die Zeit des Klassikers: Liebe.
Doch nicht alles ist *Tatsächlich Liebe.*
In mancher Familie gibt's tatsächlich Hiebe.
Sie funktioniert nicht, wie wir es wünschen.
Manche Familie ist dysfunktional.
Manche Beziehung toxisch.
Sie geben nicht mal,
was sie doch eigentlich sollten:
Statt Halt und Geborgenheit
gibt's eher Zermürbungsfetisch.
Und denk ich drüber nach,
denke ich so bei mir:

    Ach,
    wie gut, wenn man an der eigenen reift,
    gesundet und begreift.
    Meine Familie:
    Sie ist einfach da.
    Sie ist eins, wie keins.
    Sie ist meins.
    Das Nächste, was ich habe.
    Egal in welcher Situation,
    zu welchem Anlass, mit welcher Stimmung,
    jede und jeder in ihr teilt diese besondere,
    familiäre Gesinnung.

Das klingt romantischer, als es in Wahrheit ist.
Denn im Netz der Familie du untrennbar verwoben bist.
Das ist das familiär verzwickte: Ihre Verbundenheit
durch Erlebnis, Entwicklung, Abhängigkeit.
Durch Frust und Freude, Lust und Leid.
Dies Schicksal, begonnen in der Hitze geschlechtlicher Triebe
das, in Summe, nenne ich Liebe.

Die muss man pflegen, aushalten, erneuern
und wohl auch beteuern,
dass man vieles dabei falsch angeht,
falsch versteht,
Dinge verdreht
und dass all das gehörig an die Nieren geht.

Das Besondere: Sie ist in der Lage zu verzeihen,
ihr Geheimnis ist die zweite Chance vor dem Entzweien.
Sie ist, was bleibt, wenn alles um uns herum zerbricht.
Sie ist im Dunkel der Welt das innere Licht.
Vorausgesetzt man hört und sieht,
bleibt umeinander bemüht und fühlt,
was im anderen passiert.
So wird Verständnis platziert,
einfühlsam kommuniziert.
So wird einander berührt,
zueinander geführt.

Familie bedeutet *gemeinsam Sein*.
Gemeinsam lachen, gemeinsam weinen.
Gemeinsam schweigen, gemeinsam schreien.
Es ist Familie, wenn du gemeinsam lebst,
wunderbares und verkehrtes machst.
Und dieses Leben echt ist, kein Geflunker.
Wenn du miteinander zueinanderstehst,
einander Liebe schenkst.
Und diese Liebe echt ist, statt Klunker.
Familie heißt: Fehler gestehen.
Unvollkommenheit sehen.
Ganzheit lieben.
Einfach so, wie wir sind.
Mutter, Vater, Kind.

Familie, das ist Geben und Nehmen.
Mehr geben, aus Erwachsenensicht, irgendwie.
Ist aber richtig so, denn irgendwo
muss er ja sein, der Quell des Lernens,
mit dem ich Kinder erzieh.
Also gibt man Jahr um Jahr
und bekommt zum Dank den Spiegel.
Den halten sie dir vor, die Kinder,
gleich einem erzieherischen Gütesiegel.
Schwierig mitunter, gleichsam wunderbar.

Und, auch das ist in der Familie allen klar,
du lernst unbeirrt und ungefragt dazu.
Kinder sofort, Erwachsene eher träge.
Also hört den Kindern besser zu,
weise sind in der Regel ihre Beiträge:
  „Papa, wenn ihr Meerschweinchen bekommt
  und ich mich darum kümmere,
  bekomme ich jedes Mal 2€ dafür?"
  „Und was bekommen wir dafür,
  dass wir uns um euch kümmern?"
  „Ihr bekommt doch Kindergeld."
Danke für den Spiegel. Die Ehrlichkeit.
Die Präzision in der Argumentation.
Die Herrlichkeit.

Den Tiefgang, wenn das Kind mit Elf zu dir sagt:
  „Wer keinen Humor hat, hat keine Seele."

Dann blickst du tief in ein Herz,
dessen Schlag du in die Welt gesetzt.
Das du zu oft zu harsch mit Ungeduld verletzt.

Mit elf war ich noch nicht so tiefsinnig,
von wem kann sie das haben?
Muss wohl von der einen sein,
meiner Geliebten und Ehefrau.
Die ist – ganz genau -
die beste Hälfte von mir.
Ohne sie wären wir als Familie nicht hier.

Die Hälfte, mit der du schmunzelst über deine Ex.
Ein Witzeln hier, eine Eifersüchtelei dort,
sodass ich an sie richte das Wort:
  „Hey, ich will nicht zurück zu meiner alten Liebe."
  Sie: „Eher zu deiner lieben Alten."
So ist sie, der Mensch, der mich nimmt, wie ich bin.
So nehme ich auch sie ganz einfach hin,
mit all ihrem Sein.

Genommen haben wir uns früher oft,
heute wird mehr darauf gehofft.
Doch die Liebe gedeiht und wächst,
ist mehr als ein wild wucherndes, erotisches Gewächs.
Sie ist eindeutig und klar,
sie ist ehrlich und wunderbar.
  „Du riechst so männlich", sagt die liebende Frau.
  „Nach Grillanzünder", fügt sie an, feinsinnig und schlau.

Wir lachen. Wir umarmen.
Wir lieben die Sachen,
die uns zur Familie machen.
Im Arm möchte ich sie alle halten.
Weil sie mich verstehen.
Mich sehen.
Und zu mir stehen.

Diese Enge ist nicht begrenzend.
Sie weitet das Herz, sie tröstet den Schmerz.
Sie ist ein Geben
für alle die in der Familie leben.
Ein Segen
für alle, die an sie denken,
in ihr gemeinsam durchs Leben lenken,
die nichts verlangen, stattdessen Liebe schenken.

Ich weiß, ich baue Mist, ich mache Scheiß
und schieße damit vorbei am Ziel.
Bin laut, ungeduldig und verlange oft zu viel.
Dass ihr mich trotzdem umarmt,
mich mit eurem Humor umgarnt.
Dass ihr mir verzeiht, zumindest glaub ich das,
dass ihr so gescheit und ohne Brass
mir zeigt, wie und wer ich bin,
das macht alles Böse der Welt weit weniger schlimm.

Das ist Familie.
Das ist Sein.
Das ist mein
schönstes Geschenk.

Und immer, wenn ich an euch denk,
weiß ich: So schlecht gelingt es uns nicht,
zu entzünden, dieses besondere, familiäre Licht.

Dafür liebe ich.
Dich.
Und dich.
Und dich.

Ich mache mir so meine Gedanken. 1981 zum Beispiel habe ich viel über Lady Di nachgedacht. Da war ein Foto von ihr im Hochzeitskleid auf dem Titel des Spiegel. Ich war 7. Und total verknallt. Heute weiß ich: Das wäre nichts geworden. Lady Diana hatte kein wirkliches Interesse an mir. Waren wohl nur die Hormone, denn …

Die Schmetterlinge lassen das Flattern nicht sein.

Über das größte Missverständnis der Zwischenmenschlichkeit.

Liebe ...
... landauf, landab bekannt
als landesweiter Verwirrtheitszustand
in der Beziehung zwischen Männern und Frauen,
oder Frauen und Frauen,
oder Männern und Männern,
Trans und allen Gendern,
jedenfalls wo Stillstand respektabel ist und leicht,
wo die Ruhe dem Sturm das Wasser gereicht,
wo *gemeinsam-in-dieselbe-Richtung-schauen*
die bemühte und müßige Romantik ausgleicht.

Doch was, wenn der Schein trügt,
die Hoffnung lügt
und damit die tiefen Wasser der Romantik trübt?
Seien wir ehrlich, sagen wir, wie es ist,
wenn man alles am Feuer der Romantik misst,
später emotionalen Tiefgang vermisst
und verzweifelt die Friedensfahne hisst,
wenn sich der andere vergnüglich verpisst:

Dann!
Dann merken auch wir:
Die Schmetterlinge lassen das Flattern nicht sein.
Nein,
sie flattern einfach weiter
und bleiben heiter,
während du hier versauerst
und nicht genau verstehst,
warum Du eigentlich trauerst.

Du denkst dir noch,
  „Och,
  das war sie doch
  die wahre Liebe?!"
Doch sind das meist nur Triebe
beflügelt durch den Schlag des Schmetterlings,
der weder rechts noch links,
sondern mitten ins Herz dir flattert.
Dort zügig, ungefragt und dreist
den Logenplatz ergattert.
Doch wie bei jeder Vorstellung,
ist auch die romantische schnell vorbei.
Der Vorhang fällt,
die Protagonisten ziehen sich zurück.
Das regelmäßigste Schauspiel der Welt
eher selten auf Dauer verzückt.

Lediglich Höhepunkte einander jagen,
mit Atemnot und Erschöpfung dich plagen.
So kann man eines sicher sagen:
Du kannst vor Erregung johlen, stöhnen, schrei'n,
letztlich treibst du dich in die Enge,
denn stets lassen die Schmetterlinge
das Flattern nicht sein.

Immer dann, wenn der Schmetterling flattert,
der Engerling knattert,
und Erregung durchs Federbett rattert,
dann schweben wir auf Wolke 7.
Ach, schweben?
Von wegen.
Eher abheben
auf Wolke 8, 9, immer höher …

Und dann?
Kuscheln?
Durch verschwitzte Haare wuscheln?
Schlummern?
Zufriedenes Herzenswummern?
Oder doch die Zigarette danach?
Betretenes Schweigen im Schlafgemach?
Rein in die Unterbux:
  „Muss jetzt los.
  Der Sex?
  Jo, ist ganz gut gewesen.
  Nun sei nicht so perplex,
  so ist das mit den sexuellen Spesen.
  Kaum mehr als ein erotischer Jux.
  Und wo ist eigentlich meine Hos?
  Muss jetzt wirklich los.
  Ziehe mit den Schmetterlingen",
  denn die lassen bekanntlich das Flattern nicht sein,
  „im Sturm und Drang ins nächste Schlafzimmer ein."

Hach ja, war ja eigentlich klar.
Wo doch ein jeder weiß, wenn Blicke werden heiß,
und jenseits des Steis erwächst der Beweis,
dass etwas Großes entsteht:
Romantik, die Herzen bewegt
und Gemüter erhitzt.
Von der du tatsächlich glaubst,
dass sie die Erfüllung der Träume
deiner schlaflosen Nächte ist.
Wenn das passiert, wenn Romantik mal wieder
fährt in die Glieder
und dazu schwülstige Liebeslieder
das Leid prognostizieren,

während Hormone durch lüsterne Augen stieren,
dann ist Liebe offline.
Dann gehts um schlichtes, sexuelles Sein.

Apropos schlaflose Nächte, auch das weiß jeder:
Schlaflos ist eine Qual.
Wenn Schmetterlingsflügel zerschlagen die Wahl
der Erlösung im Beziehungstal
der Tränen, wo wir uns wähnen
jenseits der Geborgenheit vom Heimathafen.
Wo die Liebe erst dann blitzt auf,
wenn Schmetterlinge schlafen.

Dann: Dann entspannt das Herz und auch der Hoden,
Dann schwebst du über den Dingen,
betrachtest von oben,
wie Gutes entsteht,
wie ein tieferes Gefühl sich regt,
das Lust auf die hinteren Plätze verbannt,
ein Gefühl, das schon eher als Liebe bekannt.
Ein Gefühl, das das, was früher verklärt,
dir endlich in neuem Lichte erklärt.

Ha! Früher! Hast du zu viel interpretiert, zu viel interveniert,
gemacht, getan und hast nicht kapiert,
dass die Flamme der Leidenschaft
unter der Decke der Verlustangst krepiert.
Hast nicht gesehen, wie der Rausch es schafft,
dir den Boden zu entziehen
und den Strudel zu drehen,
bis das Ertrinken die einz'ge Option
und der rosa Brille Lohn.

Wir kennen's doch noch von den beiden,
die einst in Verona im Romantikreigen
unter den Wirren der Hormone leiden.
Für alle, denen unbekannt Geschicht' und Ort,
sei's eben wiederholt mit kurzem Wort:

Liebesnot.

Familienkampf.

Romantikkrampf.

Beziehungstod.

Rest in Piece Julia und Romeo.
Mit der Romantik war's das wohl.

So sieht's aus:
Die Flügel schlagen Schneisen des Verlassens.
Was einst geliebt, wird zum Objekt des Hassens.
Die Schatten, die Flügel auf dich werfen,
lassen dich – es ist, wie es ist – allein.
Heute und morgen und ich sage jetzt nicht übermorgen,
denn deutsche Popmusik geht mir auf die Nerven,
wirst du ohne Schmetterlinge sein.
Lass sie flattern,
andere Herzen ergattern,
lass sie schwirren,
flirren,
Chaos stiften.

Und Du?
Entscheide dich.
Lass dir die Falten des Flügelschlags
durch diese, deine Entscheidung liften.
Dein *Ja* zum *emotional-erotischen Ruh'n*
als *Nein* zum romantischen *immer-wieder-nur-so-tun.*

Diese, deine Entscheidung,
bewusst und aus dem Bauch,
bedacht und besprochen
mit deinem Herz und deinem Verstand eben auch,
erlöst dich vom Schmerz
und strahlt durch hormonellen Schall
und gleich- oder andersgeschlechtlichen Rauch.

Diese, deine Entscheidung ist rein
wie eingeschenkter Wein,
der für Wärme und Klarheit soll sorgen.
Mit ihr fühlst du dich geborgen.
Sie wird bei dir sein, auch übermorgen.
Wie der Mensch, dem du deine Entscheidung schenkst.
Der Mensch, mit dem du dich
durchs Dickicht der Schmetterlinge lenkst.

Denn plötzlich!
Plötzlich ist da genau diese eine Person:
auf einem Dating-Portal ergattert,
wo so mancher Schmetterling flattert.
Als Dating-Portale noch Dating-Portale waren,
und nicht Apps zum Liken und Swipen.
Zu einer Zeit, in der man Texte geschrieben, die bleiben.
Räumlich entzweit, gedanklich vereint,
wir täglich waren.
Nutzten Word und tippten Seiten in Scharen.
Wir verbrachten Stund' um Stund' mit Schreiben.
Es waren Gedanken, die bewegen
und Gefühle, die bleiben.
Die meisten davon bis zum heut'gen Tag,
an dem man einander immer noch mag,

weil man trotz und gerade wegen genauerem Wissen
teilt den Raum, die Zeit,
die Freu, das Leid,
die Decken und die Kissen.

Der Mensch, den du so oft missverstehst,
trotzdem du stetig neben ihm gehst.
Der Mensch, der dich kennt und lässt, wie du bist
und dann zu Dir steht,
wenn es am überraschendsten ist.

Unaufgeregt einander Freiraum schenken,
zur selben Zeit an gefüllte Paprika denken.
Gemeinsam als Paar durchs Leben schwenken,
ganz ohne Hast
und ohne überzogene hormonelle Last.
Sehen, verstehen, gemeinsam gehen,
das ist der Liebe Trick.
Alles andere ist nur ein leidlicher leiblicher Tick.
Der Erotick, so könnte man sagen,
feuert mit hormoneller Breite
ganz galant und ganz geschickt,
Salven der Lust befeuernden Haptik.
Hier die eine Hand,
die andere dort,
die Hölle bricht los,
im Bauch.
Doch auch
und erst recht in der Hos'.
Die Luzi geht ab in der Hormone Hort.
Sie treibt dich hin und führt dich fort
bis zum ersehnten Punkt der Höhe.

Die Misere der Geschicht'
ist kaum ergreifend, eher schlicht:
Der Höhepunkt macht – eben – einen Punkt.
Liebe hingegen setzt lieber das Komma.
Eines, das dir sagt:
Komm' mal runter
vom Ross des Testosterons
und bleib schön munter.
Denn wir haben Zeit,
miteinander, auch allein,
erotisch wild kann es mit jeder, jedem, immer sein.

Du weißt, dass im Heimathafen du bist,
wenn du spürst und fühlst,
statt 24/7 Kissen wühlst.
Und erkennst, was das Besondere an der Liebe ist.

Du spürst den wirklich befriedigenden Ruck,
wenn du ohne des Erfolges Druck,
dir die eine, essentielle Frage stellst:
Ob du heute Abend noch Liebe machst?
Oder lieber Pizza bestellst.

Drum glaube mir, wenn ich dir sag
(und ich hab's erlebt, wie du nun weißt):
Was ist schon des einsamen Schmetterlings Schlag,
wenn man stattdessen gemeinsame
eine Quattro Stagioni verspeist?

Hey, Johnboy, schreibe etwas ganz Explizites. Jenseits des Alltags. Etwas, das wirklich überrascht. Versetz dein Publikum in Ekstase, treib es vor dir her, überschreite Grenzen und öffne Augen, Ohren, Herzen am besten noch dazu. Etwas, das polarisiert und bewegt:

Ich bin ganz gerne und ganz besonders Mittelmaß.
Das tragische Schicksal der Besonderheit.

Yeah!
(Starker Einstieg, ich weiß.)

Yeah,
schaut mich an,
wer ich bin und was ich kann!
Ich bin so einzigartig,
der einzige meiner Art.
Ich verschaffe mir selbst Ansehen und Ruhm,
genauer gesagt: Follower, Leads und Likes.
Und all das wichtige Wahrnehmungszeugs.

Dasselbe kann ich auch für dich,
ganz professionell im Personal Branding tun.
Denn du bist genauso besonders wie ich,
also warum noch lange ruh'n?
Folge mir, läute die Glocke und bewundere mich,
dann zeige ich auch dir, wie besonders du bist.
Und wie wichtig deine Meinung
für diese, uns're Welt hier ist.

So schreit es links und rechts
und hier und jetzt
zu jeder Zeit und immerfort,
an jedem x-beliebigen Ort.
Und ich frage mich:
Stimmt wirklich jedes laute Wort?

Normalerweise ist leise
und ich fand leise immer scheiße.
War viel lieber und viel häufiger laut.
Natürlich auf die sympathische Weise.

Es war mein Antrieb, Dinge nicht so zu machen,
wie man sie so macht.
Denn wenn man sie so macht,
wie man sie so macht,
dann, ihr habt's euch gedacht,
das Ergebnis keine Überraschung mehr wäre.
Auf Durchschnitt getrimmt
käm's keinem in die Quere.
Gähnende Ideenleere.

Also drehe ich auf links,
denke um und gestalte neu.
Hoffe, dass andere in Ehrfurcht erstarren,
Begeisterungsstürme entfachen
und nicht über mich lachen.
Will professionell sein und gut.
Besser noch: besser als alle andern.
So dass ich beruhigt kann wandern
auf dem Pfad der Unsicherheit,
auf dem man sich stetig selbst bemängelt,
der sich schmerzhaft treu und ohne Scheu
gemeinsam mit mir durchs Leben schlängelt.
Auf dem man angesehen wird, für das, was man kann,
nicht das, was man ist.
Weil offenbar erst durch dein Können
du zu was ganz Besonderem wirst.

Deshalb: Ganz vorn, da will ich sein.
Im gleißenden und warmen Schein,
da wo Erfolg ganz öffentlich passiert.
Im Social Web, wo es sozial pressiert,
wo man einfach ungeniert
auf große, und größere Triumphe stiert.

Meist leider auf die der anderen,
denn davon gibt es ja so viele.
Alle so gut, so real, so dynamisch,
zwischen Happiness und Trueness geradezu manisch.
Und aussehn' tun sie auch noch prächtig.
Ich hingegen vom Rande auf das Spielfeld schaue,
fühle mich zunehmend schmächtig,
balle beleidigt zur Faust die Klaue,
versuche Fuß zu fassen und bemerkt zu werden.

Was nur sind der Erfolgreichen Stärken?
Machen sie wirklich alles besser?
Besser als mein alltäglicher Scheiß?
Sie werden bemerkt
und Bemerkenswertes führt zu Likes.
Und Likes sind die Währung.
Also schlüpfe ich in Content-Spikes,
beackere den Rasen der Community,
provoziere *hohoho* und *hihihi*
und brauch bald eine neue Brille,
denn ich schiele auf Emojis satt.
Schließlich ist on top, wer reichlich davon hat.

Wir leben in Storys und atmen Snaps,
wir sagen *Be Real* und sind so gehetzt,
zu zeigen, was wir können,
möglichst gut, möglichst geschwind.
Wirklich außergewöhnlich, wie wir so sind?
Als würden 15 Minuten Ruhm
auch nur irgendwas dafür tun,
dass es uns besser ging.

Dann: Einer meiner Posts,
und der schlägt voll ein!
40.000 Likes, soll wohl was Besonderes sein.
Doch! Ich fühle mich gut im Hier und Jetzt.
Doch schon morgen,
und das ist die Kehrseite der Freud,
wird energisch erneut
die Klinge der Polarisierung gewetzt.
Denn was gestern begehrt, ist heute Schnurz.
So sieht's aus: Die Halbwertzeit
der Besonderheit
ist relativ kurz.
Weniger Halbwert,
eher wertlos.
Was mach ich bloß?
Wie soll ich mich verhalten,
will ich nicht mein Leben lang dusselige Likes
der virtuellen Freundschaft verwalten?

Wenn ich so recht darüber sinniere,
wie ich vermeintlich Besonderes diniere,
kommt dieses *besonders* kurz vor *sonderbar.*
Doch an diese Bar will ich nicht gehen.
Möcht' mich lieber bei den anderen sehen,
die gelassen und entspannt neben ihr stehen.
Von denen kommt einer daher,
dem fällt's gar nicht schwer,
das alles klug und menschenverständlich einzureißen.
Der mir erklärt, und das ist der Hit,
was der Witz
an der ganzen Sache ist:
Dass du – wie jeder andere auch (!) – besonders
und damit zwangsläufig Mittelmaß bist.

Gott sei Dank und sei's gelobt und gepriesen,
er hat mich darauf hingewiesen:
Ich bin, wie alle hier, besonders,
und damit schlicht und ergreifend normal.
Eigentlich ein Skandal.
Wäre ich doch so gerne auf besonders hohem Niveau.
Outstanding, mit modernem Mindest, Tiefgang und so.
Ein Kreativer, Feingeist und Schöpfer von Neuem,
bei dessen Content es andere nicht reuen,
ehrfurchtsvoll zu ihm aufzuschau'n.
Das wäre für mich, vor allem mein Ego, ein Traum.

In der Tat ist es ja so:
Wer herausragt aus der Masse,
wird gesehen, ist aber nicht automatisch klasse.
Wie ein Leuchtturm steht er da
und alle finden es wunderbar
zu sehen, wohin die Reise geht.
Doch vergesst nicht, dass der, der da steht,
ein substanzloser Schwindler sein kann.
Gleich den altertümlichen Sirenen.

Entschuldigt, für alle, denen die Geschicht' nicht bekannt,
hier nochmal im Kurzgewand:
Die Sirene:
Frohlocken,
anlocken,
andocken,
am Felsen zerschellen.
Va bene!
Das ist kein Trip auf die Seychellen,
sondern der Blindflug in des Selbstbewusstseins Ruin.

Dort, wo alles verlockend erschien,
empfängt dich die Härte unreflektierter Realität.
Ohne Bewusstsein für die eigene Identität.

Und während dein **Yeah** laut klingt,
dein Ego in die Felswand wohl kracht
und dein Selbstwert versinkt
in egozentrischer Nacht.

Das Mittel also als Maß,
und zwar aller Dinge.
Na, wenn das so einfach ginge.
Einfach zurück auf Start,
gehe nicht über Los, ist gar nicht hart,
eher smart, denn nach dem Neustart
kann Persönlichkeit punkten.

Heißt: Sei nicht, wer du glaubst, sein zu müssen.
Das schlägt aufs Gewissen.
Musst auch nicht zufrieden sein
mit dem, der du warst.
Monotonie und Stillstand wären das.
Nein, drauf gekackt und drauf geschissen:
Sei einfach der, der du bist.
Das Schlaue daran ist,
dass auf dem Guten, das in dir wohnt,
später der wahre Selbstwert trohnt.

Tatsache: Mittelmaß ist, was wirklich besticht.
Zudem: Wer die Mitte nicht schätzt,
kriegt Übergewicht,
gern nach links oder auch rechts.

Klar, man kann behaupten,
die Mitte sei langweilig und fad.
Doch ist man wirklich besser dran
auf dem linken oder rechten Pfad?
Was ist so schlimm an der Balance?
Ist sie doch die Chance
des ausgewogenen Lebens
anstelle des angestrengten Strebens
nach einer Besonderheit,
die eher absonderlich ist.
Ach, wie schön, wenn man nicht outstanding,
sondern, ja,
sondern ganz besonders und ganz und gar
Mittelmaß ist.

Ergo: Besonders ist nicht die Wahrnehmung im Netz.
Es ist das Maß der Mitte.
Die Achtsamkeit, die ich mir erbitte.
Gegenüber mir.
Und Dir.
Im Hier.
Und Jetzt.

Wenn ich ins Weltgeschehen schau, spüre ich so einen Druck,
ausgelöst durch den Strom unsinniger, oberflächlicher Aufmerksam-
keitshascherei. Dazu News über globale Krisen, Krieg und Klima.
Während mir mein Medium all das erzählt, reift so ein Gefühl:

Dafür habe ich heute
in meinem Kopf keinen Platz.
Kurz vorm Ertrinken in der Informationsflut.

Ich schalte morgens das Radio ein,
der gut gelaunte Wecker der Mediengesellschaft.
Wo dank Frühstücksradio mit Pfiff und Elan
der stärkste Kerl beim Aufwachen erschlafft.
Da trällert die Aufforderung, wie aus der Bütt:
Dein schönster Sommermoment im Radio,
erzähl ihn, das wird der Hit.
Am Fon, in der App, Hauptsache ist, du machst mit.

Ich denke Shit,
lasst mich in Ruhe.
Versuche abzuschalten,
die Ressourcen in meinem Kopf zu verwalten,
das Wichtige vom Unwichtigen zu trennen,
doch dann: Werbung.
Dann beginnen Sie wieder zu rennen.
Sie rufen und sie zerren an mir,
die Nachfahren der Konsumentengier.

Lidl lohnt sich und am *Framstag* musst du kaufen.
Oder *Geh doch zu Netto*, oder *Erstmal zu Penny*.
Souffliert mir die dauerpräsente Werbenanny.
Wo nun Joghurt mit 39 Cent
und Hack mit 1,10 € zu Buche schlagen,
kann ich nicht mehr unterscheiden
und schon gar nicht ertragen.
Und so erwacht die Erkenntnis:
Dafür hab' ich heute in meinem Kopf keinen Platz.
Noch einen Moment und er ist K.O.
Und warum höre ich überhaupt noch Radio…

Später denke ich:

Auf dem Laufenden sein,
das kann doch auch nicht schaden.
Will auch mal aufhören zu klagen,
ein informierter Bürger sein.

Schalte also die Nachrichten ein:
Es brennt in Griechenland und flutet in Italien,
Politiker diskutieren Klima, Energie und Personalien.
Es tobt Krieg und medial sind wir mittendrin.
TV War sang damals Udo, der von Accept.
Wer's nicht kennt, egal, ist 80er Metal, nett,
und flott und laut und gut.
Darin verpackt die Wut
über die Gewalt im TV
am Morgen, am Mittag, am Abend,
konsumiert von den Satten, den Fetten,
am Wohlstand sich labend.
Das alles mit Werbung mittendrin.
Schlimm.

Was ich davon halte? Was ich zu den Krisen meine?
Es fällt mir so schwer, denn Ahnung von globaler
Krisenintervention habe ich keine.
Was weiß ich schon von Russland, Ukraine,
Konflikt, Eskalation bis zur menschlichen Ruine.

Ich kann nicht mehr.
Es ist zu viel von allem:
Zu viel Differenz, zu viel Ego.
Zu viel Gier und zu viel Macht.
In der realen und der medialen
Aufmerksamkeitsschlacht.

So stürmt das Geschehen der Welt
in 15 Minuten auf mich ein.
Nein. Ich will dort nicht sein.
In der Welt,
die einst so gefiel
und jetzt nur noch fällt.
Es ist mir zu viel, es ist mir zu bunt,
es ist mir zu laut und für mich nicht gesund.

Nur zwei Kanäle weiter wird es dramatisch
und für den Zuschauer heiter.
Da hagelt es Rosen
für Damen mit dicken Busen
und Herren mit dicken Hosen.
Dafür musst du nichts können,
dafür musst du nichts wissen.
Und ist das Format dann vorbei,
wird dich keiner vermissen.
Das ist einfach zu blöd.
Oder einfach zu einfach.
Und einfach unfassbar öd.
24/7 intellektueller Raubbau.
    Dafür habe ich heute in meinem Kopf keinen Platz.
    Und warum eigentlich schaue ich noch TV…

    Okay, sage ich mir, *hab's ja selbst in der Hand.*
Wechsele das Medium, denn ich habe erkannt:
    Ich entscheide, was ich lese und was ich sehe.
Netzwerkelei ist, wohin ich gehe.
Ich Linke mich In und gehe da hin,
wo Expertise gefragt, wo Sachlichkeit tagt
und gesunder Menschenverstand
den Stumpfsinn überragt.

Vermeide auf Insta selbstbeweihräuchernde Fotostrecken
und Tipps von kreativen Live-Hack-Recken.
Lasse TikTok links liegen,
dort wird mir zu wenig geschwiegen.
Doch egal wo ich bin,
es triggert, es diggad,
es reizt und es spreizt
die Gedanken, das Gemüt.
Möchte flüchten, im kindlich-naiven Fliewatüüt.
Weg von Überschriften, die buhlen um unser Neugier,
wo Content is King; ein diktatorisches Tier.
Er füttert die Sensationslust,
steigert den Publikationsfrust.
Bedeutsames erkenne ich kaum.
Muss immer wieder Fotos anschau'n
von Influencern und Jungdynamikern,
die so krass deep im Content wühlen,
dass meine Rezeptoren resignieren.

Bin ich zu alt für den Scheiß?
Wer weiß …
Ich weiß:
Ich will das nicht sehen, ich will das nicht hören,
es ist mir zu viel, es kann mich nur stören.
Auch hier denke ich bei mir:
> **Dafür hab' ich heute in meinem Kopf keinen Platz.**
> *Und überhaupt, was will ich noch im Social-Media-Hier…*

Es ist doch so:
Wir galoppieren im Rhythmus der Algorithmen.
Wir paraphrasieren im Ductus der Besserwisserei.
Mich stresst dieses inhaltliche Einerlei.

Ich frag mich:

Wo?

Wo ist der Raum? Der Platz?

Für Reflexion statt Reflex.

Für Intention statt Manipulation.

Nein, dafür habe ich in meinem Kopf keinen Platz.

Weil er sonst platzt.

Die Welle der Informationsflut überschlägt sich,

verschlingt mich.

Wo in all diesen Informationen kann ich sein?

Ich fühl' mich so klein.

Dazwischen Selfies en masse.

Und ich finde es so krass,

wie sie es schaffen,

alle gleich auszusehen,

in bedeutsamen Posen,

in weiten und schicken Hosen

und mit dem Blick, der mir verrät,

dass ich hier noch was lernen kann.

Das Einzige, was die Person mich kann,

ist: mal.

Zwischen all dem selbst inszenierten Lärm

ein Kerl ohne Arme und Beine,

nicht mal mit einem Knie,

grinst mit einem Haufen Selbstironie,

als wüsste er, was ich meine.

Er postet Content über ein Leben ohne Gliedmaßen.

Dabei beliebt es ihm beizeiten zu spaßen.

Diese Geschichten sind es, die mich interessieren,

doch sie sind so rar,

wie wunderbar.

Ich frage mich,
war ich all die Jahre dabei,
meine eigene Blase zu kreieren?
Und bekomme deshalb nur das,
was Blasenbauer verdienen?

Scheiß drauf,
soll die Blase der sozialen Netzwerke doch platzen.
Dafür hab' ich heute in meinem Kopf keinen Platz.
Weil auch er sonst auch platzt.

Sonst platzt.

ER PLATZT.
Die Fetzen der Sensationsgier fliegen mir um die Ohren,
die Innereien der Geltungssucht triefen auf den Boden.
Ich kann es nicht mehr hören,
ich will es nicht mehr sehen.
Mein Hirn fängt an zu toben.
Es kotzt im Strahl, bis alles raus ist,
was ich nicht will.
Dabei wollte doch Lidl nur einen Joghurt verticken.
Und Start Up'ler ihre Erfolgsrezepte verschicken.

Und dann ...
... wird es still.
Weil ich das so will.

Ich schaue in das Gesicht meines Hundes
der mich unbeeindruckt fragt:
    „Wollen wir jetzt gehen?"
Langsam, im Stillen, beginne ich zu verstehen:

Ich entscheide, wo ich bin,
im Hier, im Jetzt, mit Herz, mit Sinn.

Was medial groß und verlockend erscheint,
habe ich mir nun von der Seele gereimt.
Ich verpiss mich jetzt, suche den Fokus.
(Kleiner Tipp: den findet man nicht selten auf dem Lokus).

Zelebriere die Übersicht, schöpfe aus dem Begreifbaren.
Übe mich in Wertschätzung und Empathie.
Feiere das *Um-mich-herum*, wie nie.
Denn ob zuhaus', im Auto, auf dem Topf:
Dafür – dafür ist Platz in meinem Kopf.

Ich mache mir so meine Gedanken, auch über die kleinen Dinge des Lebens. Adjektive zum Beispiel. Man stelle sich nur mal einen romantischen Abend vor – ohne romantisch. Wäre nur noch ein Abend. Mit wenig Aussicht auf Erfolg. Und überhaupt:

Was wäre das Leben ohne Adjektiv?

Schad, es wäre nicht mal fad.

Die See. Ohne stürmisch.
Der Berg. Ohne erhaben.
Das Feld. Ohne bestellt.
Was wäre das?

Geselle. Ohne lustig.
Bier. Ohne selig.
Oder Jever. Ohne herb.
Derb.

Das Wetter. Ohne launisch.
Der Sommer. Ohne heiß.
Der Winter. Ohne weiß.
Ein Scheiß.

Bahnfahren. Ohne zu spät.
Großraumwaggon. Ohne besetzt.
Klimaanlage. Ohne anfällig.
Was das wär?
Eine Mär.

Oder so:
Strandgut. Ohne gut.
Geschlecht. Ohne schlecht.
Nebenbei: Warum eigentlich Geschlecht?
Das ist doch gerade das Gute.

Leidenschaft. Ohne prickelnd.
Liebe. Ohne beständig.
Was wäre das?
Egenhändig?

Liebe machen. Ohne Lachen.
Also feucht ohne fröhlich?
Nölig.

Themenwechsel:
Furztrocken. Ohne trocken.
Alles andre als ein Brocken.

Und wo wir schon dabei sind:
Der Otto. Ohne flott.
Verstopft?

Die Schnauze. Ohne frei?
Verkopft.
Verbales Einerlei.

Weiter geht's:
Brandneu. Ohne neu.
Haargenau. Ohne genau.
Mau.

Versuchung ohne zart.
Einfach nur Milka?

Smartphone. Ohne smart.
Und W-Lan. Ohne W.
Oh weh.

Die Sause. Ohne groß.
Nur eine Brause.

Schönheitsideal. Ohne ideal.
Genial.

Ohne toll der Hecht.
Echt?

Das Abendrot. Ohne rot.
Ändert das Geschlecht.
...
Nicht schlecht.

Seelen. Ohne verwand.
Eklatant.
E-Gitarre – ohne E.
Oje.

Fahrlässig ohne lässig?
Stressig.

Gehaltvoll. Ohne voll.
Leer.

Ein Slam, so gar nicht poetisch?
Eklig.

Es wird allzu deutlich:
Das Leben ohne Adjektiv:
Abscheulich.
Nicht lustig.
Nicht launisch.
Nicht fröhlich.
Nicht beständig.
Weder kurz. Noch lang.
Nur fad.

Ach nein, ohne Adjektiv
wäre das Leben,
eben,
nur:
Leben.

Schon gehört? Fachkräftemangel? Demografischer Wandel?
Unternehmen fällt es immer schwerer, gute Leute zu bekommen.
Die Jungen wollen nicht mehr arbeiten, die Alten haben kein agiles
Mindset. Alle schreien nach Benefits. Schwierig. Also baut man an
einer Arbeitgebermarke, postuliert, warum man der Arbeitgeber der
Wahl sei. Employer Branding *nennen sie das – und verstehen*
nicht, worum es eigentlich geht.

Arbeitgeber kann jeder.
Arbeitgeberattraktivität
zwischen Notaufnahme und Langzeittherapie.
Business Slam

Employer Branding, Employer Branding,
schallt es ständig, ungefragt und überall.
Ja haben die denn 'nen Knall?
Hab weiß Gott besseres zu tun und überhaupt:
Was zur Hölle soll das sein?
Nur ein weiteres Vermarktungsschwein?
Getrieben durch Dorf und Land und Feld?
War das nicht das,
was jedem und vor allem dem Chef gefällt?

Employer Branding: Das ist doch,
wenn's geil werden muss. Irgendwie.
Employer Branding: das ist doch die Maßnahme irgendwo
zwischen Notaufnahme und Langzeittherapie;
und das läuft dann so:

Die Fachkräfte bleiben zuhaus?
Tatü, Tata, der Branding-Rettungslaster
kommt flugs ins Arbeitgeberhaus.
Meist reicht dann schon ein Kampagnenpflaster,
mit Sportwagen drauf, schon sieht alles wieder sportlich aus.

Der Recruiting-Prozess kackt ab?
Wenn schon ab, dann ab – ins Krankenhaus.
Dort geht es kurz und knapp
in die Marken-Notaufnahme.
Employer Branding-Defibrilation,
Herzschlag, Aufputschmittel, das war's auch schon.
Direkt wieder hoch die Fahne,
bemalt mit Klischees, gekrönt mit Benefit-Sahne.

Die Stimmung in der Mannschaft m/w/d,
eher schlecht als recht? Und sehr oh je?
Dann ab in die Employer-Branding-Kuroase.
Wie seid ihr heute hier
und was wäre unsere Kultur,
wäre sie ein Tier?
Deepness, Wokeness, New Work und heißer Scheiß.
Das alles in der Kuroase zum entsprechend heißen Preis.
Muss ja helfen, ist ja gut, weil's was kostet.
Die Erkenntnis sodann mit Selfie auf LinkedIn gepostet.

Ach, Bewerber habt ihr schon?
Doch die treffen leider nicht den Ton?
Expertise so lala, dazu die Lücke im Laufe des Lebens?
Das ist wirklich nicht erstrebens...
..wert. Wertvoll hingegen ist was anderes:
Dass wir finden was bekannteres.
Etwas, das uns ähnlich ist, also mehr vom Selben.
Denn wer so tickt, wie wir,
ist garantiert ganz richtig hier.
Employer Branding soll für's gute Match dann sorgen.
Wie sowas geht, kann man sich ja bei Tinder borgen.

Und überhaupt zeigen wir in Social Media, wie wir sind.
Ganz authentisch, ganz geschwind.
Wahre Schönheit kommt ja bekanntlich von Innen.
Sagen alle Employer Brander. Und Employer Branderinnen.
Und wie gehen wir überhaupt mit dem Gendern um?
Auch dazu können Expertineur und Expertineuse
mit viel Tamtam und Employer-Brand-Getöse
was sagen, welche Geschlechter auch immer sie tragen.
Die Ironie der Branding-Geschicht,
wenig tragisch, eher schlicht:

Dass das alles oft nicht mehr als Makulatur,
die schönredet, schreibt, bebildert
und dabei ungeniert,
hoch budgetiert und stur
das eigne Wunschbild schildert.

Genau das ist der Grund,
weshalb ein guter Arbeitgeber
tatsächlich jeder sein kann.
Wenn unterscheidet die Ehrlichkeit des eigenen Seins,
vom Glanze des wettbewerblichen Scheins.

Apropos Sein, seien wir doch mal ehrlich:
Mit Mitarbeitern sprechen,
für Chancengleichheit Lanze brechen,
neue Gesichter und frische Ideen willkommen heißen,
auf Lebenslauflücken einfach mal scheißen.
All das ist Employer Branding.
Und dabei geht's nicht um Kampagnen,
sondern Standing.
Und wenn ihr jetzt meint,
Employer Branding sei für Überflieger,
dann erklärt zu schnell die anderen ihr zum Sieger
im Wettbewerb um fachliche Kräfte.
Haltet ein, schlagt euch im War for Talents
auf die helle Seite der Recruitingmächte.

Schaut mal hin und zwar genau,
worum es geht, bei Bindung von Fachmann und -frau:
Produkt und Leistung entstehen nicht von allein.
Sie wollen erdacht, erstellt und vertrieben sein.
Dazu der Service vor und nach dem Kauf
und so nimmt das Schicksal seinen Lauf:

Ihr arbeitet zwar für die Kunden, aber mit euren Leuten.
Sie sind es, die Wertschöpfung bedeuten.

Für Überflieger also? Nein.
Guter Arbeitgeber kann und sollte wirklich jeder sein.
Konzerne und große Marken buttern da viel Kohle rein.
Es wird gefilmt, layoutet und versprochen:
Benefits, Firmenwagen, das Blaue vom Himmel.
Dabei ist der mit dem größten Versprechen
oft der, mit dem kleinsten P…ortfolio.
In puncto Nähe, Aufmerksamkeit, Anteilnahme und so.
Was können nun die Mittleren und Kleinen tun,
deren Gelder im Anlagevermögen statt in Aktien ruh'n?

Das ist des Employer Brandings wahrer Trick:
Wirklich gute Arbeitgeber handeln,
statt Versprechen in Kampagnen zu verwandeln.
Wo Konzerne investieren, viel und schludrig,
sind die Kleinen ganz einfach echt und mutig.
Diese kleinen mutigen Unternehmen, kurz KMU,
erzeugen Nähe, Austausch, Teamgeist – oft im Nu.
Ihr seid die, die miteinander malochen, lachen, feiern.
Ihr seid die, die nicht nach Investoren geiern.
Die auf kurzen Wegen überlegt entscheiden.
Denen die Person wichtiger als ihre Nummer.
Und die mit ihren Leuten reden
über Erfolge, Freude, Kummer.

So mancher Konzern
hat schon so manche Agentur verschlissen.
Die Kampagnen betörend, die Ergebnisse beschissen.
Mit Social Media die Republik beschallen?
Ein Haufen Motive, um performancemäßig aufzufallen?

Yippieh, die Bewerber kommen in Scharen,
Yeah, im Dashboard steigen die Zahlen.
Da kann der Vorstand staunen,
es sei ihm verziehn,
während klammheimlich im Team sinken
Motivation und Launen.
Denn Staunen ist nicht sehen.
Zahlen feiern, nicht Menschen verstehen.
Gut gedacht – ist halt nicht immer gut gemacht.

Die Beziehung in euren Betrieben zu pflegen,
das ist der Attraktivität Essenz,
und des Brandings wahres Bestreben.
So könnte man sagen
kurz und bündig und unterm Strich:
Arbeitgeber kann jeder.
Ob ich's nun Employer Branding nenne oder nicht.

Also setzt euch morgen zusammen!
Mit den Menschen, die für euch entflammen.
Sie geben euch ihre Lebenszeit,
machen ihren Job mit Herzen und gescheit.
Geht morgen in eure Betriebe,
verteilt mal ein Lob statt KPI-getriebener Hiebe.
Und besprecht gemeinsam,
was stört und wo es besser werden soll.
Das macht die Herzen leicht und die Kassen voll.

Es tut sein Bestes, immer, ein jeder.
(Ihr vermutlich auch als Arbeitgeber.)
Und wenn nicht, dann kann man drüber reden.
Mitarbeitergespräch, Feedback und Führungskraft
so heißt das im Arbeitsleben.

Mal unter uns: Die Leute sind nicht faul,
sie sind nicht doof und auch nicht stur,
vernünftig arbeiten wollen sie nur.

Das ist das Feld, auf dem Attraktivität entsteht.
Wo ihr im Wind of Change gemeinsam Erfolge schafft.
Wo ihr nicht gegen- sondern zueinandersteht.
Das ist der Ort, wo, und das ist die Art, wie
die unternehmerische Rechnung aufgeht.
Lust auf Leistung mag ich es nennen.
Und es seid ihr, die KMU, die kleinen, mutigen Unternehmen,
die genau das erkennen
und Beziehungen pflegen,
statt Bullshit-Bingo auf Plakate zu kleben.

Nun weißt du Bescheid:
Attraktivität als Arbeitgeber ist eben nicht
Hohoho und *Hehehe*.
Ist nicht viel Werbung und hohes Budget.
Sie entsteht, wo ich Menschen seh,
Ohren spitze, Türen öffne und Bedürfnisse versteh.
Drum sage ich: Arbeitgeber kann jeder.
Ganz besonders KMU.
Dazu gehörst du. Und du.
Alle hier im Saal.

Zum Abschluss ruf' ich: Mach's gut, und zwar richtig.
Indem du tust, was jedem Menschen wichtig:
Miteinander statt übereinander reden.
Gemeinsam nach dem Besseren streben.
Gesunde Kulturen entwickeln und leben.

Das alles schafft Zusammenalt und Identität,
während der Wettbewerber
die Nummer der Notaufnahme wählt.

Sei kein Angeber oder Streber.
Sei einfach guter Arbeitgeber.
Das – kann wirklich jeder.

*Es gibt sie noch, die Gegenstände, die einem ans Herz wachsen. Die Teil der eigenen Persönlichkeit werden. So, wie die Unimoke, ein Fatbike mit der Reifendimension **20x4** Zoll. Ich habe unsere kleine Community gefragt, was eigentlich das Tolle am E-Biken mit einem solchen Fatbike ist. Vier Dinge kamen dabei heraus:*

20/4

Ode an die Freude. Am Fatbikefahren.

FREIHEIT

Die Freiheit ist ne feine Sache,
doch gibt es sie nicht umsonst.
Jeder zahlt so seinen Preis,
die Rechnung kommt am Ende,
so ist das eben meist.
Der eine zum Beispiel,
berühmt in den 70ern und 80ern
gehört er nicht mehr zum Besten von heute.
Wie viele andere gut gebaute Herren,
war er der Werbung fette Beute,
saß damals am Lagerfeuer gern und rauchte.
Sog die Freiheit ein mit jedem Zug.
Alles, was ein Mann da brauchte,
waren Stiefel, Colt, ein Gaul, ein Hut.
Markant der Blick, die Freiheit lodert in der Glut,
so war das bei den Werbeherren.
Und ganz besonders bei jenem Wayne McLaren.
Doch tat's ihm nicht auf Dauer gut.
Im Alter von 51 nahm die Lunge seinen Hut.
Tja, das war's wohl mit der Freiheit dann
für den gut bezahlten Marlboro Mann.

Doch keine Angst,
so teuer muss die Freiheit ja nicht werden,
und bevor um deine Gesundheit du bangst,
sei gewiss: Sie liegt nicht auf dem Rücken von Pferden.
Du musst sie auch gar nicht aus der Werbung klauen.
Sei einfach locker. Lässig. Du. Schnapp dir ein Bier.
Kannst besser beschwingt als markant dreinschauen.
Und statt rauchend zu reiten auf eigensinnigem Tier,
fährst du beizeiten Malz und Hopfen trinkend **20/4**.

122

FAMILIE

Wenn Menschen zueinander finden,
im Guten wie im Schlechten sich zusammenraufen,
Kinder zeugen, Häuser kaufen,
dann entsteht, was man Familie nennt.
Ich erinnere mich, an die kleine heile Welt,
als es *Gute Nacht Johnboy* aus dem erleuchteten Fenster bellt.
Die Familie war perfekt,
Bedrohung gab es nur von außen.
Schwierig waren immer nur die andern,
zugewanderte Banausen,
Zigeuner, Gaukler, unsittsames Gesochs.
Schon krass, wieviel Kitsch in so einer Baptistenfamilie steckt,
mit der du in den 70ern Menschen vor die Glotze lockst.
Die waren so lieb, so nett,
die Haare gekämmt, die Klamotten adrett.
Es war zum Haare raufen, alles so verklemmt,
so oberlehrerhaft,
keine normale Familie sowas schafft.
Doch Familie kann auch anders sein.
Eine, die uns nimmt,
wie wir sind.
Fehlbar, albern, ungeschliffen.
Ein bisschen bekloppt und neben der Spur,
wo man unser aller Unterschiedlichkeit hat auf der Uhr.
So kann der Kitsch, die heile Welt, gestohlen bleiben dir.
Denn du fährst **20/4**.

SPASS

Neulich, Samstagmorgen, bin draußen unterwegs.
Hinter mir hör ich das Klackern radelnder Räder.
Waren die im Leerlauf früher auch so laut,
dass es dem chillenden Bürger die Fassung raushaut?

Sie kommen an mir vorbei.
Fahrradwege? Fahrbahn? Alles Einerlei.
In Viererreihen stöhnen sie an mir vorüber,
ich betrachte ihre bunten Rennradfahrkondome
und lach innerlich drüber.
Aber was soll's, sportlich sind die meisten,
sollen sich ruhig teure Räder leisten.
Früher oder später kommt er dann,
der Anstieg, der schafft Rennradfrau und -mann.
Den Berg geht's rauf, die km/h gehen runter.
Der Schweiß, der rinnt,
die Straße vor verschwomm'nen Aug verschwimmt.
Was ein Scheiß, was der Radler alles unternimmt,
um fit zu bleiben. Spaß jedenfalls gehört nicht dazu,
ich dreh den Country Rock lauter
und cruise an ihnen vorbei im Nu.

Und während sie zum Isodrink greifen,
lass ich meine Hand zum Bierchen greifen,
denn Spaß ist, was man draus macht.
Auch das uns alle vereint heut und hier,
denn wir fahren ja **20/4**.

LEUTE
Bei all der Rückschau und dem Besinnen
auf das, was einmal war,
stoßen wir an auf gute Freunde,
und auf ein neues Mokejahr.
In dem wir Freiheit auf dem Bock genießen,
in dem Freundschaften auf Treffen sprießen,
in dem wir Familie und Spaß zelebrieren,
und einander auf die coolsten Bikes wohl stieren,
die nicht der Herrgott, sondern selber wir gebaut.

Das sind die Dinge, die uns keiner klaut.
Das begeistert uns 24/7,
und bevor wir wieder auseinanderstieben,
lasst uns erheben das Glas
und anstoßen:
Auf Freiheit, Familie, Spaß.
Denn, und das ist wohl das Beste heute,
mit 20/4 trifft man endlich normale Leute.

Kannst du mal was zum Thema Vermögen(sberatung) schreiben?

Klar. Kenne ich mich schließlich überhaupt nicht mit aus. Aber das Vermögen findet schon seinen Weg zu mir. Und so geschah's:

Unterm Strich.
Was ist Vermögen eigentlich?

Die Moral von der Geschicht'
gleich zu Beginn, dann stört sie später nicht:
Das Ende naht. Bald sind wir hin.
Bis es soweit ist, läuft das Ganze so
bei uns allen überall und irgendwo:

Wir erblicken der Welten Licht,
sind auf Mehrung stets erpicht.
Mehr Essen, mehr Klamotten, mehr Geld, mehr Leben,
das ist, wonach wir fortan streben.
Was will man machen,
so ist des Menschen gierigen Geistes eben.
Und wenn dann am Tag des jüngsten Gerichts
wir an der Himmelspforte klopfen,
mit dem letzten Hemd, ganz ohne Taschen,
in die wir sonst so manchen Geldschein stopfen,
dann ist wohl eines unausweichlich klar:
Dass unter Strich das Leben unbezahlbar war.

Doch fangen wir nochmal von vorne an:

Ich stehe auf, es ist schon Tag,
der Blick wandert in den Spiegel.
Erhascht mehr Furchen, weniger Haare. Ein visuelles Siegel,
für das Tempo, in dem es marschiert, mein Dasein.
Ich schau mir das eine Weile an,
zugegeben, nicht allzu lang,
bis ich denke: *Das kann doch wohl nicht wahr sein,*
  wie ich Zeit meines Lebens meine Lebenszeit verschenke.
  Mache, tue, Hirnregionen und Muskelstränge verrenke.
  Und das nur, um unterm Strich gut dazustehen
  und nicht als armer Schlucker ins Grab zu gehen.

Also lass mal überlegen,
was wir so erreicht haben in unserem Leben,
sage ich zu dem Typ da im Spiegel,
rasiere das alternde Siegel
und während ich zusehends erstrahl in neuem Glanz,
ziehe ich beiläufig des Lebens erste Bilanz:

Die Inflation: Ein nerviger Begleiter.
Die Stimmung auf dem Konto: entsprechend wenig heiter.
Die Steuer frisst die Liquidität,
sie rülpst progressiv,
verdaut mein Vermögen sukzessiv.
Für echte Vermögenswerte ist's damit wohl zu spät.
Das Haus: Geliehen.
Das Auto, immerhin: Bezahlt.
Was auf der hohen Kante?
Nach Corona und Firmenpleite zwangsläufig vertagt.

So lebt man von der Hand in den Mund,
kommt klar und zurecht und sagt sich:
Jetzt echt?
Das kann doch so nicht bleiben,
will mal wieder fette schwarze Zahlen schreiben.

Denn so viel ist wohl allen klar:
Ein bisschen Vermögen unterm Strich,
wäre wenig hinder-, vielmehr förderlich.

Und wie ich so grübel, wie ich's anstelle,
dass ich surfe die vermögende Welle,
kommt die Antwort auf die zaghaft gestellte Frage,
wie von alleine und wie gerufen

inmitten wirtschaftlich komplexer
und buchhalterisch zermürbender Lage.
Ich finde sie im Postfach der elektronischen Schreiberei.
Sie hebt sich wohltuend ab,
die Botschaft schon im Betreff zweifellos eine seriöse,
fernab vom oberflächlichen E-Mail-Getöse:
5 Mio. Euro, schon morgen im Haben ich hab'.
Und selbstverständlich steuerfrei.

Wie kann das sein? Wollt ihr mich verhöhnen?
Ich? Auserwählt? Und warum nur 5 Millionen?
Aber schauen wir mal rein,
denn, ganz ehrlich, das könnte ja mein Jackpot sein:
Ich klicke auf die Nachricht, mit zittriger Maus,
wähne bezahlt nicht nur Auto, sondern auch Haus.
Wandere gedanklich mit der Familien gen Süden schon aus
und lebe, ein kleines bisschen zumindest,
in Saus und in Braus.

Doch eines nach dem anderen,
denn ja, das könnte viel Gutes verheißen.
Um das zu klären, hol ich das Spekuliereisen
und schau nochmal genauer hin:
Potz Blitz, es ist, wie erhofft,
des vermögensbildender Vorbote klopft,
denn im Schreiben steht, völlig plausibel, folgendes drin:

Sehr geehrte Frau Willand,
    (den Fehler in der Ansprache ich ausnahmsweise verzieh)
    wir haben gute Nachrichten für Sie!
    Es geht um einen Nachlass in Höhe von 5,6 Millionen,
    den zu verwalten sich insbesondere für Sie wird lohnen.

Wie ausgerechnet Sie zu dieser Freude kommen?
Nun, dafür haben wir viele Recherchen auf uns genommen:
Ein Stammesfürst der südlichen Mongolei
hatte zum Staatsempfang geladen,
ließ Korken knallen und die Gesellschaft am Kaviar sich laben.
Bohrte während des Smalltalks unbedacht und ganz nebenbei
mit dem Korkenzieher im Permafrost,
woraufhin er unvermittelt ein Ölfeld erschloss.
Die erworbenen Reichtümer er zwar in großen Teilen verprasst,
doch nun ist er alt und weiß,
dass der Rest nicht in des letzten Hemdes Taschen passt.
So will von dem, was er nicht verschleudert,
der gute Mann sich nun trennen.
Einen würdigen Erben zu nennen
dafür hat er uns angeheuert.
Wir scheuten weder Müh noch Zeit,
zehn Minuten Google, 15 weitere LinkedIn,
endlich war es dann soweit:
***Sie** wurden ermittelt, für den finanziellen Hauptgewinn.*

Die Verwandtschaft? Einwandfrei bewiesen:
Über einen Bekannten der Cousine des Großvaters
eines Onkels ihrer Wahl
die Recherchierenden auf Sie letztendlich stießen.
So können Sie ganz beruhigt vermeiden jedwede finanzielle Qual.
Sie, nur Sie, sind erbberechtigt unterm Strich.
Und glauben Sie uns, ganz sicherlich
hätten wir längst überwiesen,
möchten auch ungern länger warten.
Nennen Sie uns einfach Ihre aktuellen Kontodaten.

Mit freundlichen Grüßen
etc., pp und so weiter…

Wow, Wahnsinn, das Herz hüpft heiter!
Endlich war sie da,
die Strähne des Glücks.
Das Konto würde schwellen
und ich würde surfen die Wohlstandswellen.
Will vor Freude die Vorfreude rausbellen
auf ein Vermögen, mit dem ich könnte
so manche Weiche neu stellen.
Unterm Strich endlich mal richtig auf die Kacke hauen,
an echten statt luftigen Schlössern nur bauen.

Klar, ich würde dabei nichts dem Zufall überlassen,
nicht alles für sinnbefreiten Luxus verprassen.
Nein, ich würde einen Profi ranlassen.
Dessen Sachverstand würde mich eines Besseren belehren
und dafür sorgen, das Münzen und Scheine respektvoll und
respektabel sich mehren.
Denn, ich bin ja nicht dumm,
Vermögen lässt sich prima verteilen,
auf Immobilien, Fonds, Festverzinsliches,
Nachhaltiges bisweilen.
Würde auch spenden, unterstützen und stiften,
nur ganz ab und an etwas feiern, saufen und kiffen.
Da lag sie nun vor mir, meine Zukunft,
rosig, reich und schön.
Was, unterm Strich, sollte mir jetzt noch geschehen?!

Es ist doch nun mal so, dass Geld die Welt regiert,
und der gut schläft, der auf ausgewogene Bilanzen stiert.
Wissen wir seit 1987 schon.
Seitdem läuft in der Television
des Wohlstands längste Dokumentation.
Seit über 9.300 Folgen heißt es: *Reich und schön.*

Was wir in dieser Reportage seit über 30 Jahren seh'n
ist des wohlhabenden Alltags Geschicht,
sind ungeschönte Beschwerlichkeiten
und der vermögenden Menschen Begehrlichkeiten.
Wie sie reich sind. Und sorglos. Und schön.
Das echte Leben eben,
geschrieben ins schöne Gesicht.

Und allen, die daraus nichts
fürs eigene Leben lernen, sag ich das:
**Unterm Strich gelangt man auch
ohne Geld zum jüngsten Gericht.
Doch macht es mit gleich doppelt und dreifach so viel Spaß.**

Jetzt auch ich, denn jeder kann's schaffen,
man sieht es ja an mir.
Schön bin ich ja schon und während ich mich plötzlich für
Vermögensverwaltung interessier'
denke ich:

Vergiss all der Galmourösen Gehabe,
hab ja selber bald die eine oder andere Million.
Wichtig dabei ist, dass ich nicht am Reichtum verzage,
denn ich möchte – ja, mich – aber auch andere damit belohnen.

Denn sind wir doch mal ehrlich,
ohne Kohle ist das Dasein beschwerlich.
Eine Kugel Eis für einen Euro achtzig,
Biolebensmittel kaum erschwinglich,
Preise für Wohnung, Strom und Heizung: Auch eher saftig.
Unterm Strich musst du schon pingelig
mit den finanziellen Mitteln haushalten,
willst du's in deinem Haushalt wohlstandesgemäß aushalten.

Die Formel vermögenden Glücks somit lautet:
Geld haben und unterm Strich mehren und
damit auch den Menschen beehren,
der sich mit Mühe, Anstand aber ohne Erfolg
im Leben behauptet.

So drück ich geschwind in der Mail auf den Link,
tippe Kontodaten ein, persönliche Angaben dazu,
eben noch das Foto des Personalausweises,
dann sei es fast geschafft, so heißt es.
Ich warte.
Und warte…
Und spüre eine Erkenntnis, eine ganz zarte,
die unterm Strich mein Handeln rückt in gleißendes Licht…

Die Rechnung kommt immer am Ende.
Nur einige Tage später fällt eine Nachricht in meine Hände.
Diesmal postalisch, oldschool, nicht als Mail,
sondern per Einschreiben, ich muss die Annahme quittieren.
Da steht geschrieben … ach, ich mag's nicht wirklich zitieren.
Jedenfalls sei das Konto nun leer.
Aufgesessen dem Betrug hilft da auch kein Fluchen mehr.
Vorbei ist's mit realen Schlössern, ich baue wieder auf Luft.
Hab nichts zum Verteilen, zu groß auf dem Konto die Kluft.
Unterm Strich also nichts geblieben,
als die paar Zeilen, die ich euch geschrieben.
Um zu sagen: Das Problem ist nicht per se das Geld.
Das Problem ist der Mensch, und wie er sich verhält.
Wenn Sicherheit und Freiraum hängen
am Kapital dieser Welt,
kann man das kapitalistisch nennen
und gierig und scheiße finden.
Und sicher will man nicht alles nur mit Geld verbinden.

Doch wie wäre es, wenn die, die viel davon ihr Eigen nennen,
es mehren, teilen oder stiften,
weil sie für Chancengleichheit und Gemeinsinn brennen?
Dabei nicht in Luxus, Neid und Gier abdriften,
sondern unaufgeregt im Stillen bei sich denken:

Lass uns die Macht des Geldes nicht in Futures
und spekulative Blasen
sondern in wert- und sinnstiftende Bahnen lenken.

Denn wenn der Tod am Ende das Leben bereichert.
fassen sich auch Schöne und Reiche an die eignen Nasen,
weil sie bei allem Reichtum schlicht vergaßen,
dass dem letzten Hemd die Taschen fehlen,
wenn sie um Hab und Gut erleichtert
vor des Himmels Pforte stehen.

Man darf sich also fragen, unterm Strich,
und ich hab's im Freundeskreis getan,
was bedeutet Vermögen eigentlich?

Besitz, mit dem ich handeln kann.
Also Geld, Gold, Aktien, gebracht an Frau und Mann.

Vermögen, eine andere mir sagt,
ist der Schatz aus allem, das ich zu tun vermag.

Etwas später heißt es dann im Chat,
dass mit Vermögen ich *Sicherheit, Freiheit*
und Unabhängigkeit hätt'.

Kurz und bündig dann zum Schluss: *Glücklich sein.*

Und so vermag Vermögen womöglich mehr,
als der frisch gedruckte und geprägte Schein?

Bringt es uns zum Weinen oder bringt es uns zum Lachen?
Bereichern wir uns oder finanzieren wir Dinge,
die allen Freude machen?

Schmutzig, unanständig, das ist es angeblich.
Doch ist Geld nicht ganz genau so redlich
wie das, was wir damit erschaffen?

**Die Frage stelle sich jede und jeder selbst,
was am Ende unseres Lebens wir
unterm Strich hinterlassen:
Gefüllte Herzen oder doch nur gefüllte Kassen?**

Marken sollen Klarheit schaffen. Emotion wecken. Entscheidungen ermöglichen. Dabei konzipieren wir uns einen Wolf und vergessen, was wirklich begeistert. Und überzeugt. Die Persönlichkeit.

Schräg ist gerade. Richtig.
Von Marke und Persönlichkeit.

Business Slam

Das ist Susanne.
Ein Typ.
Eine Marke.
Susanne sitzt vor ihrem Imbiss,
eine Bude voller Frittenfett, Currysoße und Herz.
Susanne ist zufrieden.
Ist all die ganzen Jahre hier hinten
am Ende des Industriegebiets geblieben.
In echt jetzt, kein Scherz.
Sie ist immer hier, Urlaub gibt's nur Ende März.
Da hat Susanne Geburtstag, geht selbst mal aus,
bevor sie wieder startet im April.
Nicht weil sie muss, sondern weil sie es will.

Ihr Dasein Susanne also nicht einfach so fristet,
vielmehr ihren Lebensin- und unterhalt sie hier frittiert.
Unterhält mit Leib und mit Seele all jene,
die gut essen wollen; und schnell; und raffiniert.
Pommes sind wie Sonnenstrahlen, sagt Susanne gern.
Es sind Lebensweisheiten wie diese,
auf die Susannes Gäste schwör'n.
Dazu die Soßen: selbstgemacht, in immer neuen Rezepturen.
Die Pommes: von regionalen Kartoffeln, schräg geschnitten.
Denn den Standard haben ja alle anderen auf ihren Uhren.
Susanne hingegen hat schon immer ihr Business
mit Raffinesse bestritten.
Das ist typisch Susanne, ein Typ eben, echt `ne Marke.
Keine erdachte, eine beherzte, besonders starke.

Das ist Susannes Imbiss:
Schräge Fritte **steht oben geschrieben,**
geöffnet von Elfe bis abends um Sieben.
Darin Susanne agiert, die ja auch eher ´ne Schräge ist,

weil Wert auf Qualität und Öko und Service sie legt,
also nicht gerade das, wonach Systemgastronomie strebt.
Mit dieser Masche Susanne ihr Geschäftsleben meistert,
weil am Ende des gefräßigen Tages
herzliche Qualität eben noch immer am meisten begeistert.

So wundert es kaum, dass Angestellte und -gestelltinnen
aus den umliegenden Betrieben
die *Schräge Fritte* so gern frequentieren.
Dass so viele Menschen Susanne stets gewogen blieben,
sogar von Ferne anreisen und Susannes Konzept
mit Freude, Treue und Euros quittieren.

Unterm Strich kann man wohl sagen: Es lief.
Susannes Fritten waren schräg, sie selber war´s auch,
hier zu essen, zu klönen, sich zu treffen war Brauch.
Und wenn´s erstmal läuft, bleibt´s selten unbemerkt,
schon bald ein Gastronom,
erpicht auf des schnellen Geldes Thron,
das kulinarische Angebot
auf der anderen Straßenseite verstärkt.
Mit einem Edel-Imbiss fuhr er auf,
baute ein Palazzo, leaste Foodtrucks,
alles vom Feinsten und mit großen Logos drauf.

Um nun zu betreiben das hochherrschaftliche Business,
fehlte nur noch eines: Personal und zwar das gute,
welches zu finden heutzutage ja kein Leichtes ist.
Und so nahm das Schicksal seinen Lauf,
gegenüber uns'rer beliebten Imbissbude.

Das ist Susanne.

Ein Typ, ´ne echte Marke.

Sitzt vor der *Schrägen Fritte*,

trinkt nen Kaffee, raucht ne Kippe.

Und sieht, wie Berater gegenüber aufkreuzen.

Es waren fesch frisierte, dreitägig rasierte,

kostspielig elegant gekleidet,

in blauen Anzügen und braunen Schuhen.

Lackierte Affen, um die sie den Kontrahenten

nicht wirklich beneidet.

Aber sei´s drum, immerhin waren es Studierte,

Experten, Spezialisten,

die fortan redeten und unbeirrt so tun,

als ob sie's von allen Ahnungslosen am besten wüssten:

Wie und wo und was für wieviel Geld

die To Do Listen füllte, um mangelndes Personal zu finden.

Und ehe er sich´s versah, passierte, was immer geschah:

Sie hatten es geschafft, ihn vertraglich an sich zu binden.

Des Arbeitgebers Attraktivität,

weil er's selbst offenbar nicht wusste,

schon sechs Monate später herausgefunden ward.

Genuss im Job oder so hatten sie die Positionierung genannt.

Ob er sie auch wirklich selber verstand,

das wollte er ins Reich der Märchen verbannen.

Konzentrierte sich lieber auf den Kampagnenstart,

der Milestone, der als nächster folgen musste,

während die Berater fröhlich zogen von dannen.

Das ist Susanne.

Businessfrau, eine starke.

Ein Typ, einfach ´ne Marke.

Schnippelt ihre schrägen Fritten

als anrücken in große Schlitten:

Ladenbauer, Designer, Marketer
und Schwätzer jedweder Coleur,
denn zur neuen Positionierung
gab es natürlich auch neues Interieur.
Alles passend zum neuen Corporate Design,
verbunden mit neuer Corporate Behavior.

Schneller als der Gourmet es blickte,
war er fertig, der neue Schein.
Dazu man performant vermarktete Social Ads
ins Rennen schickte;
sollen wohl bald ein Haufen Bewerber
wegen geiler Genuss-Jobs vorstellig sein.

Susanne schaute das schaurige Schauspiel schaudernd an:
Das war alles so durchdacht und so durchtrieben,
auf 100 Seiten Powerpoint umständlich beschrieben,
bis von der Persönlichkeit des Gründers
nicht mehr viel übrig geblieben.

Sicher, einen Haufen Kohle hat der Gute gezahlt,
so hell, wie seine Marke nun allen Ortes erstrahlt.
Zum Bezahlen der Arbeitskraft
blieb vermutlich nicht allzu viel über.
Scheiß drauf, denn immerhin, die Marke wirkte,
davon konnte Herr Edel-Imbiss ganze Liederbücher singen.
Zahlreiche Bewerber kamen. Zahlreiche Bewerber gingen.
Nachdem sie in Scharen im Assessment Center abhingen.
Es half kein Brechen und kein Biegen,
der Kontrahent musste die Eröffnung verschieben.
Die Berater kehrten zurück,
um die Kampagne in Ordnung zu bringen.
Wie das eben oft so ist, mit diesen Marketingdingen.

Das ist Susanne,
die *Schräge Fritte* ihr Leben.
Marke ist sie selbst die beste,
das belegen treue Stammgäste
und deren Teller, ganz ohne Reste.
Für sie würde sie alles geben.
Statt im kontinuierlichen Verbesserungsprozess zu versacken
und anderweitige Optimierungskonzepte zu verkacken
lieber mit Sinn und Verstand nach neuen Ideen streben,
damit mit den Fritten, den schrägen,
sie lange noch füllt die begeisterten Mägen.

Während also Susanne fröhlich Gerichte kreierte,
deftige, fruchtige, scharfe Soßen rezeptierte,
Zwiebeln aufschnitt und Pommes frittierte
und stets mit einem Lächeln
den Gästen das Ergebnis servierte,
stieg die Zahl zahlender Kunden für schräge Fritten an.
Und zog auch Susanne
unvermittelt in des Fachkräftemangels Bann.

Tja, liebe Susanne, nun bist du also dran,
zu zeigen, was du kannst und wer du bist.
Wofür du die Arbeitgeberfahne hisst.
Warum der eine sich für dich begeistert,
während eine andere sich wertschätzend verpisst.
Suchst die eine Person, die da draußen rumgeistert
die mit dir die Fritten und die Freundlichkeit meistert.

Das ist Susanne,
coole Type und Marke zugleich,
nun auch Recruiter, also drei auf einen Streich.

Was, denkt die Fastfoodikone,
wenn Employer Branding sich tatsächlich lohne?
Was, wenn am Industriegebietsende,
es einläute, die Beschäftigungswende?
Was, wenn ihre Marke frohlocke,
sich andere coole Typen für sie entscheiden?
Sodass getrost die Bewerber-Spreu
auf der anderen Straßenseite kann bleiben?

Der Gedanke im Grunde lag nahe: Branding? Nicht neu.
Susanne, auch vor Altem keine Scheu,
setzte sich vor die *Schräge Fritte.*
Trank ´nen Kaffee, rauchte `ne Kippe.
Beobachtete gegenüber die Marketingsippe
und entschied sich draufzulegen, eine ganz andere Schippe.
Holte Zettel, holte Papier,
schrieb kurzerhand und mit vollem Herz
werbende Zeilen, in Summe nur vier.
Ganz ohne Budget. Und ganz ohne Terz.
Platzierte den Zettel auf dem Tresen der Fritte.
Darüber sprachen Kunden, Freunde, Bekannte und Dritte.

Die ersten Bewerber kamen,
zugegeben nicht gerade in Scharen.
Doch schön daran war,
dass es quasi ausschließlich passende waren.
Der Erstkontakt, ganz flott: WhatsApp.
Das war unkompliziert, zeitnah und nett.

Das Gespräch, sehr persönlich, allenfalls gefühlt diagnostisch.
Preboarding, Onboarding, ging eins ins andere über,
wie Currysoße, in der geschmacklich und optisch,
Ingredienzen intensiv ineinander verschmelzen.

So wuchs zusammen, was zusammengehörte.
Man könnte sagen: *Organisch gebrandet,*
ohne, dass Verkopftes den Brandingprozess störte,
hat Susanne schlicht und herzergreifend
des Menschen gesunden Verstandes verwendet.

Und das? Das ist Mike,
Ein Typ…naja.
Als Edel-Imbiss-Gastronom
erpicht auf jeden Like
überzeugt er eher so lala.
Doch besaß er Größe grad genug,
zu korrigieren den Unfug,
den Berater hinterlassen.
Kam rüber zu Susanne,
um die Sache aufs Neue anzufassen.
Genau wollte er es machen.
Ganz genau.
Und *richtig.*
Ganz genau, und richtig – authentisch.
Das war dem Mike jetzt wichtig,
darauf wollte er nun achten,
quasi ein Authentizitätsfeuerwerk entfachen.
Denn authentisch gehörte ja angeblich zu den Sachen,
über die man sich Gedanken machen
sollte … für den Fall, dass man Menschen begeistern wollte.

Wie sie es denn anstellte,
dass sich jemand so passend und schnell zu ihr gesellte?
Das fragte er Susanne und Susanne schüttelte den Kopf,
verstand nicht ganz,
sagte etwas über Marketing-Starrsinn mit Konzept-Ignoranz,
und über Werte statt Branding-Popanz.

Stand auf, die Arbeit rief,
ließ zurück ein verwirrtes Gehirn
hinter verdutztem Gesicht.
Was lief bei dem Typen nur schief,
dass er so sehr auf die Marke erpicht.

Tja, das ist Mike,
Edel-Imbiss-Gastronom.
Wollte attraktiver Arbeitgeber gern sein,
sonnenbaden in gleißendem Schein,
doch ins Gegenteil schlug aus das Markenmetronom.
Er grübelte, sinnierte und dachte:
> *Was, wenn Employer Branding doch gelänge?*
Und während sich Susanne ins schräge Fäustchen lachte,
wähnte er sich in der Markenbildungsenge.
> *Was nur hatte Susanne ausgeschrieben?*
> *Wie hatte sie ich positioniert?*
So viele Fragen durch sein Hirn gerade stieben,
als sein Blick sich auf dem Aufsteller am Tresen verliert…

Das ist Susanne.
Und das ist ihr Imbiss.
Schräge Fritte steht oben geschrieben.
Da zeigt Susanne Standing,
von elfe bis abends um sieben.
Hat verpackt in einfache Worte
auf einem Zettel auf ihrem Tresen,
was die Essenz von all dem Branding
am Ende des Tages gewesen:
> *Schräg ist gerade. Richtig.*
> *Nimm dich nicht zu wichtig.*
> *Bewirb dich, steig ein, quer oder queer,*
> *Hauptsache schräg, dann bist du richtig hier.*

Was du daraus lernst?
Findest du nicht in Branding-Rezepten.
Drum sag ich`s dir, denn es liegt so nah:
Menschen wollen mit Menschen eben
und nicht mit Marken oder Konzepten reden.
Es sei denn, DU BIST DIE MARKE.
Alles klar?

Über den Autoren:

Johnboy Schneider wurde zeitglich mit seinem Alter Ego Jan Willand im März 1974 geboren, um fortan seinen Gedanken freien Lauf zu lassen.

Nachdem auch er selbst Laufen gelernt hatte, begann Jan zu malen, später Comics zu zeichnen und fiktive Nonsensemagazine zu schreiben. Seine Gestaltungslust gipfelte in einem Studium zum Marketingkommunikationswirt.

Neben der beruflichen Schönfärberei als Marketer frönte er regelmäßig der Schönschreiberei und verirrte sich mit seinen Gedanken in der Fantasywelt.

Seit 2023 mogelt er sich auf die Teilnehmerlisten öffentlicher Poetry Slams. Seine Wortspielereien lebt er ergänzend und in zunehmendem Maße auch im Businesskontext aus - bei den selbst erfundenen und betitelten Business Slams.

Kurz: Johnboy Schneider treibt als passionierter Wortspieler sein nebenberufliches Unwesen.

Und Jan? Der lebt mit Familie, Katzen, Hund und guter Laune im Teutoburger Wald.

Poetry oder Business Slam buchen?

Schreibt mir an: post@janwilland.de

Mehr von Johnboy verzapfte Literatur auf amazon:

Der Etagenplanet
Eine humorvoll, philosophisch verdrehte Fantasiegeschichte

Der Zeitgeist
Eine humorvoll, ortsunansässige, zeitbeschleunigte Fantasiegeschichte

Supernulf und die Tücken des Alltags
Comedy-Doku-Soap-Trash (Kurzgeschichten, Teil 1)

Supernulf und die Verrückten des Alltags
Comedy-Doku-Soap-Trash (Kurzgeschichten, Teil 2)